Ludwig van Beethoven

Ludwig van Beethoven
Del silencio a la
inmortalidad

Beatriz Cuberos de Valencia

PANAMERICANA
E D I T O R I A L

Cuberos de Valencia, Beatriz
  Beethoven / Beatriz Cuberos de Valencia. — Bogotá:
Panamericana Editorial, 2004.
    156 p. ; 21 cm. — (Personajes)
    ISBN 958-30-1646-2
  1. Beethoven, Ludwig, Van, 1770-1827 I. Tít II. Serie
  927.862 cd 19 ed.
  AHY9107

        CEP-Banco de la República-Biblioteca Luis Ángel Arango

Editor
Panamericana Editorial Ltda.

Dirección editorial
Conrado Zuluaga

Edición
Pedro José Román

Diseño, diagramación e investigación gráfica
Editorial El Malpensante

Cubierta: Ludwig van Beethoven alrededor de 1804. Fragmento del óleo de W. Mähler.
Museo de Historia de la Ciudad de Viena.

Primera edición: enero de 2005
© Panamericana Editorial Ltda.
    Texto: Beatriz Cuberos de Valencia
Calle 12 N° 34-20, Tels.: 3603077-2770100
Fax: (57 1) 2373805

Correo electrónico: panaedit@panamericanaeditorial.com
www.panamericanaeditorial.com
Bogotá D. C., Colombia

ISBN 958-30-1646-2

Impreso por Panamericana Formas e Impresos S. A.
Calle 65 N° 95-28, Tels.: 4302110-4300355, Fax: (57 1) 2763008
Quien sólo actúa como impresor.
Impreso en Colombia
Printed in Colombia

"Tomaré el destino por el cuello; desde luego, no me doblegará ni me aplastará por completo".

Ludwig van Beethoven

Después del silencio

En medio de la procesión funeraria se destacaba la figura inconfundible de Franz Schubert, llevando en lo alto una antorcha que al final de la ceremonia depositó simbólicamente en la fosa, luego de haber sido bajado el féretro, sin saber que con ella estaba iluminando mi paso a la inmortalidad.

Lo que ha sucedido en esta tormentosa tarde es el más conmovedor espectáculo que alguien pueda imaginar. No debería ser yo quien diga esto, pero jamás se había visto una manifestación de admiración de tal magnitud en honor de un compositor y quizás tampoco de ningún personaje de la corte o de la aristocracia vienesa.

En la oscuridad de mi sepulcro, tres días después de mi muerte, ocurrida el 26 de marzo de 1827 en la ciudad de Viena, retumba en mis oídos una voz que nunca antes oí, la de Heinrich Anschütz, actor de la corte, a quien tuve muy cerca en los últimos años. Está leyendo emocionado, ante la inmensa muchedumbre que ha venido a ofrecerme sus respetos, las generosas palabras de la oración fúnebre escrita por el dramaturgo y poeta austriaco Franz Grillparzer.

Nosotros, que estamos aquí ante la tumba del difunto, somos en cierto sentido los representantes de una nación, de todo el pueblo alemán, venimos aquí a llorar la defunción de una parte célebre de lo que nos quedaba del brillo desaparecido del arte de nuestra tierra, del florecimiento espiritual de la patria. Todavía vive el héroe de la poesía en la lengua alemana, Goethe, y ojalá viva muchos años. Pero el último maestro de la canción resonante, el medio lleno de gracia a través del que hablaba la música, el hombre que heredó y amplió la fama inmortal de Händel y Bach, de Haydn y Mozart, ha dejado de ser; y aquí estamos llorando ante las cuerdas rotas de un instrumento reducido ahora al silencio.

Un instrumento ahora callado. ¡Dejad que lo llame así! ¡Pues era un artista, y lo que era, sólo lo era a través del arte! Las espinas de la vida lo habían herido profundamente, y así como el náufrago busca la costa salvadora, él buscó tus brazos, ¡oh maravillosa hermana de los buenos y fieles, confortadora de los afligidos, arte que vienes de lo alto! Era un artista, y ¿quién podrá ponerse a su altura? Lo cubrió todo, lo abarcó todo. El que lo siga no puede continuar; debe empezar de nuevo, pues su predecesor sólo terminó allí donde termina el arte...

¡Así fue, así murió, así vivirá por todos los tiempos!

Fue necesario dejar este mundo para volver a *oír*. Al *oír* estas palabras y *ver* el funeral organizado por la ciudad de Viena, que congregó por lo menos a unas veinte mil personas que deseaban rendirme tan estremecedor homenaje, se agolpan ante mí las imágenes de mi atormentada y contradictoria vida.

Con mucho esfuerzo, en ocasiones sobrehumano, logré sobreponerme al dolor físico y a las angustias que doblegaban mi espíritu. Ahora comprendo que no fue en vano haber trabajado incansablemente, con tesón y paciencia, siempre con el ánimo de dejar una obra que trascendiera las barreras del tiempo para que la pudieran disfrutar las generaciones futuras.

¿Mi origen?

Ahora también *escucho* toda clase de rumores que circularon sobre mi origen: se dijo que por mis venas corría sangre española; que mi piel morena y mi negra cabellera así lo evidenciaban; que tanta arrogancia, y ese fogoso y ardiente temperamento no eran explicables por la sangre flamenca ni por la renana. A esto agregaban, cuando ya estaba muy enfermo y me había ido a vivir a la *Schwarzspanierhaus* (la casa del español negro), que era un hecho muy significativo que hubiera escogido este lugar para pasar mis postreros días, tratando de imprimirle una especie de sello mítico a tales habladurías.

Escoger esa casa, que sería mi último domicilio, no fue nada premeditado, sino algo completamente accidental, el final de mi

El nombre de *Schwarzspanierhaus* le fue dado a la edificación por haber sido el lugar que ocupó un antiguo convento de frailes benedictinos españoles. Fue demolida a principios del siglo xx.

constante peregrinaje por todo Viena y sus alrededores, porque nunca conseguí encontrarme a gusto en ninguna parte, ni en el centro de esta bella pero frívola ciudad, ni en sus pobres y tristes barrios. Añoraba la dulce Bonn, esa pequeña *patria mía, hermosa tierra donde vi por primera vez la luz del sol, siempre bella, tan cara ante mis ojos como cuando la abandoné.* Recordaba mi infancia, con algunos momentos placenteros, pero la mayoría tan ingratos, y revivía con infi-

Carlos v vino al mundo en 1500 en Gante, ciudad flamenca situada a escasos sesenta kilómetros de Mechelen, cuna de los abuelos y bisabuelos paternos de Beethoven. Heredero de la tradición artística de su tierra, tuvo el privilegio de recibir una educación musical excepcional, que lo llevaría a estar siempre rodeado de artistas de primera categoría. Sus padres fueron Felipe el Hermoso, archiduque de Austria y Juana, llamada la Loca, reina de Castilla, hija de Fernando de Aragón y de Isabel de Castilla — los Reyes Católicos—. Este matrimonio, celebrado en 1496, fue arreglado por conveniencia, buscando la alianza entre Flandes y Castilla.

nita nostalgia los sueños de mi corazón adolescente.

Que por mis venas corría sangre española no es una hipótesis tan aventurada, pues los Países Bajos estuvieron sujetos al dominio español durante una larga temporada, desde los tiempos de Carlos v de Alemania, también conocido como Carlos i de España. Esta influencia fue mucho más fuerte en los distritos católicos de Flandes, de donde provenía el primer antepasado del que tuve noticia, Jan van Beethoven, nacido en 1485. Fue contemporáneo, nada menos, que del emperador en cuyos dominios "no se ponía el Sol".

Aquellos que creyeron que podían ofenderme diciendo que mi origen debía ser español, ignoraban que ser español no es ninguna vergüenza. Si un personaje como este soberano era hijo de una española, yo debería sentir inmenso orgullo de que la sangre que corría por mis venas fuera la de quien vivió en esa época gloriosa en que la música ocupaba un lugar tan destacado, a la que el emperador daba todo su apoyo. Quién sabe si a esto se deba el genio musical que muchos me atribuyeron.

Por otra parte, si se me tildaba de loco, de apasionado, de amante incansable, ¿qué se podía esperar de un posible descendiente de algún personaje de la Corte de aquella singular mujer que fue Juana, la loca española que nunca estuvo satisfecha con su vida amorosa, al punto de que perdió la cabeza y la tuvieron que encerrar a la muerte del travieso e insaciable Felipe, su marido?

En todo caso, si era descendiente de españoles o no, era un asunto que no tenía para mí la menor importancia en medio de tantas otras preocupaciones. Además, qué sentido hubiera tenido tratar de averiguar, como si fuera posible, al cabo de más de tres siglos, con quién o en dónde dormían los nobles y los cortesanos de entonces. Cualquiera que sea la verdad, se la llevaron mis antepasados a la tumba y con ellos reposa en paz.

El otro rumor que circuló fue que yo era hijo ilegítimo de Friedrich Wilhelm II, rey de Prusia. Muchos de mis contemporáneos no podían entender que un artista, al que consideraban con tan excepcionales aptitudes, viniera, por lo que sabían, de un hogar humilde e insignificante. Quizás querían justificar la teoría de que un genio sólo se engendra en una elevada posición social. Estas habladurías comenzaron hacia 1810 cuando me encontraba en la cima de la fama, pero les presté poca atención. Aunque el tema me enojaba, tampoco hice ningún esfuerzo para desmentirlas. Sin embargo, es algo que siempre cargué en mi conciencia, pues significaba una mancha sobre el buen nombre de mi madre, a la que tanto quise y respeté. En alguna ocasión, un amigo me escribió preguntándome sobre esto y por fin tuve el valor de dar la respuesta que he debido dar desde cuando comenzó a propagarse este infundio: *Tengo por principio no escribir nunca sobre mí ni tampoco contestar a nada que de mí escriban los otros. Por esta razón te encargo a ti, felizmente, que hagas saber al mundo la honestidad de mis padres y, sobre todo, de mi madre.*

Lazos familiares

Los lazos familiares me proporcionaron más mortificaciones y tristezas que satisfacciones y alegrías a lo largo de mi atormentado paso por este mundo. Y como la modestia no fue propiamente una mis cualidades, me atrevo a decir ahora que si las generaciones venideras han de saber de la existencia de la familia Van Beethoven será por mi vida y por mi obra, que estoy seguro ennoblecerá este apellido, mas no por méritos de mis antepasados —excepto mi abuelo— y mucho menos de los que hoy me sobreviven. Mis hermanos no pudieron darle un rumbo a sus vidas que los hiciera dignos de destacarse en las actividades que emprendieron y tampoco mi sobrino.

En mi recuerdo están los miembros de la familia Van Beethoven que conocí y con los que compartí mi vida. Son ellos: mi abuelo Lodewijk, tal vez el único ser normal de mis parientes cercanos; mi padre Jan, persona voluble, de inestable carácter; mi madre Maria Magdalena Keverich, mujer buena y amable, que en verdad fue mi mejor amiga; mis hermanos Kaspar Anton Karl y Nikolaus Johann, a quienes llamábamos sólo Karl y Johann; finalmente, mi único sobrino, Karl Peters, hijo de Karl y de Johanna Reiss, con quien supongo va a terminar la estirpe Van Beethoven, pues no expresa ningún interés en contraer matrimonio ni en tener descendientes.

Como dato curioso en relación con el apellido, parece que en sus orígenes fue Biethofen, Biethoven, Bethofen, Bethof. Pero, creo, mis antepasados más cercanos optaron por escribirlo Beethoven, quizás para cambiarle su verdadero significado, "del huerto de remolachas". Como nunca aprendí ni una palabra de flamenco, no puedo asegurar que esto sea cierto. Me limito a repetir lo que oí —cuando oía—. Decían también que le antepusieron la partícula *van* para darle un cierto tono aristocrático, o intentando volver a sus orígenes flamencos. Así es la vanidad humana.

Karl Peters se casó con Karoline Barbara Naske en 1832 y tuvieron cinco hijos, cuatro mujeres y un hombre al que pusieron el nombre de Louis, como en ocasiones firmaba el compositor. Entre él, que emigró a los Estados Unidos, y sus hermanas tuvieron veinte hijos; de la siguiente generación existen datos de trece de sus descendientes.

Queda, pues, claro que excepto por mi abuelo, y muy posiblemente ahora por mí, los "del huerto de remolachas" no tuvieron ningún mérito especial para haber salido de allí.

En cuanto al apellido Keverich, no tengo ningún recuerdo, pues mis abuelos maternos murieron antes de que yo naciera, y nunca oí a mi madre nombrar ni hermanos ni tíos ni nada.

Mi abuelo

Lodewijk (nombre flamenco, como su apellido original) nació en Mechelen, Bélgica, el 5 de enero de 1712. Era de baja estatura, pero fuerte, de fino rostro y ojos vivísimos, que denotaban su origen flamenco como bien puede verse en ese extraordinario retrato que Leopold Radoux le hiciera poco antes de morir, donde aparece vistiendo algo que parecía un manto o una capa, con bordados muy vistosos, y llevando sobre su cabeza una especie de turbante que los *cognoscenti* habían puesto de moda. Decían quienes lo conocieron que entre sus innumerables cualidades, las más dignas de destacar eran su bondad y sus firmes principios, que tenía una excelente voz de tenor y buenas aptitudes para el canto y la música.

Siendo muy joven, en 1731, abandonó el hogar paterno por divergencias surgidas en el seno familiar y se estableció en Lovaina, donde se desempeñó primero como cantante y luego como director de los coros de la iglesia de San Pedro, pero no se quedó mucho tiempo, pues su deseo era llegar a Alemania. Estuvo una corta temporada en Lieja y de ahí, siguiendo los pasos de un primo suyo que trabajaba en una cerería, se dirigió a Bonn, uno de los centros políticos más importantes del electorado de Colonia. Atrás quedó su patria, a la que no volvería a ver jamás.

Contaba mi abuelo —al menos esto contaban quienes se lo oyeron— que estando en Lovaina, tuvo la fortuna de ser escuchado por el príncipe Clemens August cuando cantaba en la iglesia. Éste, que era un hombre de mundo, mujeriego a pesar de sus votos eclesiásticos, muy bien educado y con inclinaciones artísticas que lo llevaron a engrandecer su capilla musical contratando músicos profesionales, al enterarse de que ese talentoso músico que había oído unos meses atrás se había radicado en Bonn, lo nombró en marzo de 1733 músico al servicio del Elector, con un salario de cuatrocientos florines. Fue ese el comienzo de más de cuarenta años de trabajo serio y responsable. Cumplió siempre de manera puntual con sus deberes, y gracias a su esfuerzo y dedicación alcanzó posiciones honorables y supo mantenerse en ellas con dignidad, a pesar de sus tragedias personales, hasta llegar a ocupar el puesto de *Kapellmeister* (maestro de capilla, o sea, director de música) de la Corte cuando tenía casi cincuenta años.

En 1738 se casó con Maria Josepha Poll, muchacha de la región de Colonia, de apariencia dulce y melancólica, dos años mayor que él. Como a pesar de que era un gran músico sus menguados ingresos no eran suficientes para sostener a la familia, creyó que el comercio del vino, una labor muy propia en esta región de típicos y extensos viñedos, le permitiría llevar una vida más holgada y cómoda. Por desgracia, esta actividad quizás fue el origen de la afición de mi abuela a la bebida, al punto de que los dos últimos años de su vida tuvo que pasarlos recluida en un convento cerca de Bonn. Las consecuencias de esta afición fueron funestas para la familia; mi padre, el único que sobrevivió de todos los hijos que tuvieron, era un muchacho bastante holgazán y de muy mal carácter. Sin embargo, tenía suficientes aptitudes musicales, las cuales mi abuelo no vaciló en aprovechar, pero de una manera bien diferente a como aquel lo hizo conmigo. Con ejemplar paciencia logró enseñarle música y canto pese a su vulgaridad y hasta consiguió que fuese nombrado cantor de capilla. Guardo de él un vago recuerdo, pues sólo tenía tres años cuando murió en 1773, el día de Navidad, dos años antes que mi abuela.

Mi padre

Johann, como se le conoció, aunque supongo que fue bautizado Jan, nació en marzo de 1740 en Bonn, y allí murió el 18 de diciembre de 1793. Entre estas dos fechas y en la misma ciudad ocurrieron todos los acontecimientos más importantes de su vida. Contrajo matrimonio el 12 de noviembre de 1767 con Maria Magdalena Laym von Keverich. Nacimos sus siete hijos pero sólo tres llegamos a la edad adulta: Ludwig Maria en 1769, murió a los seis días de nacido; luego yo, también Ludwig, en 1770; a los cuatro años Kaspar Anton Karl; dos años después, Nikolaus Johann; en 1779 nació Anna Maria Franziska, pero sólo vivió cuatro días; luego Franz Georg en 1781 y murió cuando tenía año y medio; finalmente Maria Margaretha Josepha, quien murió cuando tenía poco más de un año, unos meses después de mi madre, que nos dejó prematuramente en 1787.

Mi padre era más alto que mi abuelo, esbelto y, al decir de muchos, más agraciado que él. Heredó algo de sus aptitudes musicales y de mi abuela el carácter irascible, y la afición a la bebida. Su formación estuvo a cargo de su padre, que con gran esfuerzo y mano dura lo forzó a ir, por lo menos durante algún tiempo, por el camino adecuado. A los doce años, su voz de soprano le permitió entrar a la capilla del príncipe Elector y a los diez y seis, gracias a la influencia paterna y a sus dotes de cantante, que ya eran reconocidas, tuvo el privilegio de ser nombrado *Hofmusikant* (cantante de la Corte).

Sus ascensos profesionales no duraron mucho. Su inestable temperamento y la herencia materna que día tras día lo llevaba a disolver sus no pocas facultades musicales en el alcohol, no le permitieron pasar de ser un músico mediocre. Perdió cuanto empleo consiguió y tampoco logró ocupar dignamente su puesto de jefe de la familia. Para compensar sus fracasos no tardó en abandonarse por completo a su degradante vicio. Fueron muchas las ocasiones en que tuvimos que ir a buscarlo al cuartel de la policía entre los borrachos que recogían en la calle.

Jamás pude entender cómo mi madre, que era una muchacha inteligente y agraciada, pudo poner sus ojos en mi padre, un hombre desprovisto de cualidades, vulgar, ocioso y desordenado. Era una persona incapaz de hacer feliz a nadie. Ese matrimonio, desde un principio, como era de esperarse, fue una serie interminable de miserias, infortunios y desdichas.

Jan van Beethoven nació en Flandes alrededor de 1485. Fue el padre de Marcus, quien se casó con Anna Smets. De éstos nació Aert (o Arnoldus) que enviudó de Josiana van Vlesselaer y volvió a contraer matrimonio con Petronella Geerts, rama de la cual desciende Ludwig van Beethoven. Su hijo Hendrik se casó con Katharina van Boevendeke; de esta unión nació Marcus (o Mark) casado con Sarah Haesaerts, cuyo hijo Cornelius contrajo matrimonio con Katharina van Leempoel. Así llegamos a Michael, nacido en 1684, quien fue un maestro panadero ambicioso en Mechelen, su ciudad natal, donde contrajo matrimonio con Maria Louisa Stuyckers nacida en 1685 y oriunda de esta misma ciudad. Allí nació Lodewijk, abuelo del compositor, en 1712, quien antes de cumplir veinte años abandonó a sus padres; después de una corta temporada en Lovaina y en Lieja, emigró a Alemania, y se instaló definitivamente en Bonn. Unos años después, en 1738, se casó con Maria Josepha Poll. Es aquí donde comienza la historia de la familia Van Beethoven alemana.

En diciembre de 1773, al morir mi abuelo, que había sido en gran medida el responsable de la familia, las cosas empezaron a no marchar tan bien, por lo cual mi padre envió una petición al Elector donde solicitaba ser aceptado para ocupar su puesto, pero ésta fue rechazada y tuvimos que mudarnos a otra casa, en donde a los pocos meses nació Karl. Con su desmedida ambición de poder y viéndose en muy precarias condiciones económicas, mi padre eligió como padrinos del pequeño, al ministro Belderbusch y a la condesa Karoline von Satzenhofen, las dos personas más poderosas del electorado, pensando, sin duda, asegurar para sí el interés de estos aristócratas. Pero qué lejos estaba de obtener algún beneficio personal de este tipo de parentescos.

Su vida transcurrió trayendo hijos al mundo con intervalos de dos o tres años, sin tener en cuenta que las dificultades de todo orden iban en aumento y sin la menor consideración con mi madre, que día tras día estaba más débil y enferma. Al nacer Margaretha, la afección pulmonar que padecía desde hacía ya mucho tiempo estaba muy avanzada y murió al cabo de un año. Quedarse sin su apoyo y ver morir a los pocos meses a su hija más pequeña le produjo a mi padre un efecto devastador. Como estaba consciente de que era poco lo que le quedaba de sus facultades musicales, se derrumbó y se sumió en el más profundo abatimiento.

A solicitud mía, el Elector lo relevó de su cargo y le sugirió que se retirara a algún pueblo cercano del electorado, antes de disponer que a él se le diera la mitad de su salario y a mí la otra mitad más suficiente grano para nuestro sustento. Cuando cinco años más tarde me fui para Viena, mi padre, con el dinero que estaba destinado a mis hermanos logró sobrevir durante el último año de su vida.

Mi madre

Del origen de Maria Magdalena Keverich nunca se supo casi nada. Sólo que vino al mundo el 19 de diciembre de 1746 en Ehrenbreitstein y que era hija de Heinrich Keverich (1702–1759), jefe de cocina del palacio de esta ciudad, y de Anna Clara Westorff (1707–1768). Su familia era socialmente inferior a la de los Van Beethoven y, aparte de eso, era la viuda de un tal Joseph Laym, camarero del elector de Tréveris, con quien tuvo un hijo que murió al nacer.

Cuando mi padre, a los veintiún años, le anunció a mi abuelo que había decidido casarse con esta muchacha, él se opuso de manera rotunda y trató de disuadirlo, argumentando que le desagradaban sobre manera los antecedentes familiares de su prometida. "No hubiera creído ni esperado de ti que llegaras a rebajarte de esta forma", le dijo. Pero como mi padre insistía, añadió: "Muy bien. Haz lo que te plazca. Yo también haré lo que debo: te abandono, te dejo la vivienda y me voy...". Así lo hizo y no hubo manera de convencerlo para que asistiera al matrimonio de su hijo. La boda se celebró el 12 de noviembre de 1767 en la iglesia de San Remigio. Pasaron una corta luna de miel en Koblenz y en Thal–Ehrenbreitstein; a su regreso tomaron en alquiler la pequeña y modesta vivienda en donde nació Ludwig Maria, mi hermano mayor.

Si mi padre hubiera oído los consejos de mi abuelo, producto en parte de la propia experiencia de haber sufrido tanto en el absoluto calvario que fue su matrimonio, estoy seguro de que el destino de mi madre habría sido muy diferente. Sin embargo, no puedo menos que agradecer esta unión, pues sin mi padre no hubiera podido heredar nada de mi abuelo y tampoco ninguna virtud de las de mi madre, una mujer de naturaleza tierna, digna y afectuosa, quien con el paso de los años consiguió ganarse al viejo.

La tumba de Maria Magdalena Keverich van Beethoven permaneció en el olvido durante más de un siglo. Fue localizada en 1932 cuando hicieron unas excavaciones para buscar los restos de un profesor italiano de apellido Matari que había muerto en 1826. Allí apareció un esqueleto de mujer que resultó ser el de Maria Magdalena y hoy descansa en el mismo cementerio que Robert y Clara Schumann, entre otros personajes. Las autoridades de la Beethovenhaus erigieron un monumento con una lápida que lleva su nombre, la fecha de su muerte y las palabras de su famoso hijo: "Fue una madre buena y llena de amor, mi mejor amiga".

Ella era alta, con una esbelta figura, de rostro alargado, nariz un tanto aguileña y una mirada suave que denotaba su honestidad. Era inteligente y callada, pero podía sostener una conversación con delicadeza y modestia, tanto en las reuniones de alto nivel a las que debía asistir por la posición social de su suegro, como cuando se encontraba entre gente humilde. Por su integridad y seriedad era muy apreciada por todos los que la conocían.

Fue una buena ama de casa, bien organizada, cumplía a cabalidad con todos sus deberes y pasaba las horas cosiendo y haciendo calcetas. Siempre admiré su infinita paciencia, quizás su mayor virtud, la cual debió tener en abundancia para poder soportar la creciente dependencia de mi padre de la bebida, que cada vez lo hacía más irascible y grosero. Ella misma se reprochaba no haber tenido la suficiente autoridad para mantenerlo sobrio. Cuando alguna vez le preguntaron acerca de su vida al lado de Johann, contestó: "¿Qué es el matrimonio? Un poco de alegría, seguida de una cadena de tristezas". Con esta corta frase, resumió la experiencia de los años vividos al lado de su marido.

Todos los que la conocieron coinciden en afirmar que su aspecto siempre era triste y que rara vez la vieron sonreír, pero nosotros, sus hijos, la animábamos con afecto y diversión, especialmente en el día de su santo. Para la fiesta de Santa Maria Magdalena llenábamos de flores un dosel y adornábamos a manera de trono el mejor sillón tapizado que teníamos, para que ella, vestida con sus mejores galas, se sentara a presenciar algún número musical y bailes que habíamos preparado. Algunas veces éramos sorprendidos por mi padre que, en un arranque de ternura, aparecía con sus amigos para unirse a la celebración tocando una música magnífica que se oía en todo el vecindario. Luego cenábamos algo especial y ella nos lo agradecía con una dulce sonrisa.

En muchas ocasiones mencionaba con nostalgia los hijos que había perdido, a causa quizás de las precarias condiciones de todo orden en las que le había tocado vivir. Esto también debió contribuir a que su salud, que nunca fue muy buena, se fuera deteriorando hasta contraer la tisis que finalmente la llevó a la tumba el 17 de julio de 1787 cuando apenas tenía cuarenta y un años.

Mi *hermano* Karl

Al momento de nacer Karl, en abril de 1774, yo tenía poco más de tres años; no hacía mucho nos habíamos mudado de casa: a la Nº 7 ó la 8, como decían, a la izquierda, según se entra a la Drieckplatz, para pasar de la Sternstrasse a la Münsterplatz.

Algo había heredado de las aptitudes musicales de la familia, pero no tuvo la disciplina necesaria que requiere esta profesión; aunque compuso algunas pequeñas obras, no logró alcanzar un éxito significativo. Durante algún tiempo, hasta cuando me fui para Viena, se desempeñó como mi ayudante, pero a mí, nunca me resultó fácil entenderme con él. Sin embargo, en 1794, unos meses después de la muerte de nuestro padre, resolvió que era más cómodo vivir cerca de mí, que ya había demostrado que era capaz de velar por los miembros de mi familia.

Allí se casó en mayo de 1806 con Johanna Reiss una muchacha de livianas costumbres, con quien nunca pude tener una buena relación. Desde el momento en que nació su hijo Karl —cuatro meses después del matrimonio— comenzaron los problemas de todo orden que tuve que afrontar por este desgraciado parentesco. En una ocasión fue arrestada durante cuatro semanas por el delito de adulterio, con la consecuencia de que le fue retirado el derecho a dirigir la educación de su hijo, en vista de la irregularidad y el mal ejemplo de su vida. No fue esta la primera vez ni sería la última en que me vi obligado a pasar por la vergüenza de pedir ayuda a mis amistades influyentes para resolver enojosos asuntos familiares.

Durante algún tiempo Karl trabajó como secretario o escribiente del Departamento de Finanzas y en los últimos años, hasta su muerte en 1815 a causa de la tuberculosis, ocupó un cargo pomposamente denominado "adjunto de la Caja Central de Pagos Camerales", cuya importancia real no debía corresponder a la longitud de la denominación, según lo indica el carácter subalterno de la palabra "adjunto".

Mi hermano Johann

Había nacido en 1776 , de manera que cuando me fui de Bonn tenía apenas diez y seis años y yo no sabía muy bien cuáles eran sus inclinaciones. Llegó dos años después de Karl a Viena buscando también mi apoyo, pues cada día era más conocido mi nombre y sabían que yo estaba pasando por una etapa de gran prosperidad profesional y económica. Decía tener gran interés por la farmacia y quería abrir su propio negocio, pero como yo sabía que hasta entonces no había demostrado ser muy responsable, me pareció más adecuado no facilitarle demasiado las cosas, pensando que eso lo obligaría a salir adelante por sus propios medios. Al cabo de unos años, en su afán por vivir con más comodidades, se fue para la ciudad de Linz, en la Alta Austria, logró establecerse y prosperar en su profesión. Contrajo matrimonio en 1812 con Theresia Obermayer, once años menor que él; de esta unión hasta el

Theresia murió en 1828 y Johann veinte años después. No existe ninguna información sobre posibles descendientes de este hermano del compositor.

momento no hay descendientes y no parece que los vaya a haber.

Como añoraba los lujos de la gran ciudad no tardó en regresar, sin saber que la policía había recibido informes acerca de que no había tenido inconveniente en lucrarse de manera fraudulenta, suministrando a los hospitales militares de la zona medicamentos falsificados o estropeados. Cuál no sería mi dolor cuando me enteré de que las autoridades lo tenían fichado y bajo su vigilancia, al igual que a Johanna, mi adorable cuñada. Como en Viena no había más Van Beethoven que nosotros, no había manera de ocultar los malos hábitos de la familia y los comportamientos fuera de la ley. De tal suerte, que mientras yo trataba de mantener nuestro apellido en alto, ellos se encargaban de degradarlo, aprovechándose de cualquier circunstancia para cometer sus fechorías. Para mí fue una verdadera desgracia tenerlos cerca. Es muy triste darme cuenta de que tengo tan poco que decir sobre mis dos hermanos, pero por más que intento recordar no encuentro nada digno de incluir en este relato.

Mi sobrino Karl

En septiembre de 1806 nació el que sería mi único sobrino, lo que significó una gran alegría para mí, ya que cada día veía más remota la posibilidad de tener hijos propios, convencido como estaba de que con él la familia estaba llegando a su fin. Asumí de nuevo, como cuando tuve que hacerme cargo de mis pequeños hermanos, un compromiso que de hecho no me correspondía, pero que no me sentía capaz de eludir. Ante la incapacidad moral de su madre y la irresponsabilidad de su padre me preocupé porque estuviera, en lo posible, no muy lejos de mí, tratando de evitar que cogiera por la senda equivocada. Por su parte mi hermano, consciente de sus debilidades, también había manifestado en repetidas ocasiones su deseo de que yo ejerciera el papel de tutor de su hijo. Cuando falleció, encontramos en su testamento, claramente estipulado, que esa tutela debía compartirla con Johanna, pues no deseaba que el niño fuera apartado de su lado, no sin antes recomendar a ella que ojalá fuera dócil, y a mí, que me comportara con más moderación, pues conocía muy bien nuestras permanentes diferencias. Con esa decisión, las cosas empeoraron a tal punto, que al poco tiempo apelé ante el Tribunal Real e Imperial alegando, entre otras cosas, que ella no sólo había sido condenada por adulterio en una ocasión, sino también encontrada culpable de robar dinero a su marido. Un año después el Tribunal falló a mi favor y mi sobrino tuvo que abandonar su hogar materno.

Tenía ya diez años cuando pude hacerme cargo de su formación y m sentía feliz de poder hacerlo. Con gran satisfacción se lo comuniqué en una carta a mi amiga Antonie Brentano, en la cual le decía que después de *haber luchado a brazo partido por arrebatar a ese pobre niño desdichado de las garras de su despreciable madre, había salido vencedor, ya que el niño necesitaba muchos cuidados, pero esos cuidados representaban para mí una bendición*. Comenzó mi lucha por su educación y desarrollo, pero a medida que iba creciendo la mala crianza de sus primeros años se fue haciendo cada vez más notoria y por esto nunca pude tener con él una buena relación.

Durante más de dos años no le permití a Johanna ver a Karl, pero ella le hacía visitas clandestinas y acudió al Tribunal en busca de que su caso fuera reconsiderado, y para acusarme de que el trato que yo le daba hacía muy infeliz a su querido hijo. Debo reconocer el esfuerzo que realizó para recuperarlo, pero no creo que lo haya hecho por ser una buena madre, sino por vengarse de mí. Consiguió que este asunto fuera trasladado a la Magistratura de Viena, pero como ambos estábamos decididos a luchar hasta el final, yo acudí a varios de mis amigos influyentes, hasta lograr, después de infinidad de batallas judiciales y de ires y venires, la custodia definitiva del muchacho.

Karl era bastante bien parecido, pero con una actitud un tanto díscola y ligero de carácter; tampoco se distinguía por su talento, posible consecuencia de las taras heredadas del alcoholismo de su abuelo, las ligeras costumbres de su madre y, en muchas ocasiones, de las poco recomendables actuaciones de su padre y de su otro tío.

Su conducta dejaba mucho que desear en todos los aspectos, lo que constituía un gran dolor y un enorme problema para mí; no valían mis largas amonestaciones y lo único que conseguía era que cada vez se mostrara más indómito y despreocupado ante sus deberes. Pasaba las horas en un café de las inmediaciones, muy entretenido jugando y bebiendo, sus pasatiempos favoritos. No sólo no había manera de que Karl respondiera a las expectativas que yo había puesto en él, sino que en muchas ocasiones debí pasar la vergüenza de tratar de responder por sus irresponsables actuaciones. Recuerdo, por ejemplo, que cuando tenía catorce o quince años, a raíz de un incidente que protagonizó, las autoridades imperiales, que, como ya lo he dicho, consideraban sospechosa a toda la familia, solicitaron informes de la policía "sobre el comportamiento de Karl van Beethoven, sobrino y pupilo del conocido músico del mismo nombre".

Al terminar sus estudios y llegar la hora de examinarse en el establecimiento de enseñanza que yo había elegido cuidadosamente para él y que le costeaba, no se consideró capaz de hacer frente a sus deberes, por lo cual le pareció que lo mejor era acabar con su vida. Es probable también que su decisión haya tenido que ver con las deudas de juego que había contraído y que no estaba en capacidad de pagar. Parece que este fue el motivo para que el 29 de julio de 1826, sin pensarlo mucho, se dirigiera a un lugar apartado, al bosque de Helenenthal, que había sido tantas veces mi refugio, y allí se disparara en la cabeza con una pistola, con la suerte de no causarse ninguna herida de gravedad. Ni siquiera eso pudo hacerlo bien, afortunadamente para mí, pues hubiera sido un dolor infinito perderlo a pesar de todas las intranquilidades que me ocasionaba. Tampoco sería de extrañar que solamente estuviera buscando llamar mi atención para conseguir que le diera el dinero que necesitaba.

Lo sucedido me representó una conmoción espantosa. Estaba ya muy viejo y enfermo para soportar otra aparición de los miembros de mi familia en escenarios judiciales. Era evidente que Karl no se conmovía ni se preocupaba en lo más mínimo ante mi ya precaria salud pero como yo no estaba dispuesto a darme por vencido, tomé la determinación de que debía ingresar a la carrera militar, con la esperanza de que llegara a adquirir un puesto honroso sin grandes quebraderos de cabeza. Fue así como, previo el desembolso de la suma requerida, ingresó como cabo al Real Regimiento de Infantería Nº 8, de la guarnición en Iglau. Al momento de despedirnos, me prometió, y parecía sincero, que iba a poner todo de su parte para salir adelante. Quizás ahora, ante mi ausencia definitiva, por su propio bien, sea capaz de cumplir su promesa.

Karl ya era teniente cuando contrajo matrimonio en 1832 con Karoline Barbara Naske y tuvieron cinco hijos. Murió en Viena el 13 de abril de 1858.

Yo, Lodewijk (en flamenco, como mi abuelo)

En cuanto a mí, vine al mundo el 16 de diciembre de 1770 en Bonn, capital de un estado eclesiástico, sede del arzobispo Elector de Colonia. Esta pintoresca y pequeña ciudad prusiana fue fundada por los romanos en una posición estratégica inmejorable, según era su costumbre, sobre una de las siete colinas a la orilla oeste del Rin. Situada en el estado de Renania del Norte, en la región de Westfalia, en los límites de Alemania con Bélgica y Holanda.

Sus hermosos paisajes, verdes y brillantes durante la primavera y el verano, y sus fértiles tierras con huertas y viñedos, contrastan con la pobreza y estrechez de ese oscuro rincón en donde, es un decir, vi la luz primera, pues mis padres no encontraron, con sus escasos recursos económicos, otro lugar mejor para vivir que esa pequeña y miserable buhardilla, de inclinadas paredes y techo con vigas muy bajas, que durante los meses invernales apenas dejaban penetrar una tenue luz unas pocas horas del día. Siempre oí decir que esa noche, mientras llovía torrencialmente se desencadenó una tremenda tempestad sobre la ciudad y que un viento helado azotaba sin piedad puertas y ventanas.

El propietario de esta casa, marcada con el Nº 515 de la Bonngasse, era el señor Clasen, quien ocupaba con su familia el primer piso y el jardín. Se dedicaba a la fabricación de entorchados, esos bordados en oro y plata que usaban como distintivo en las vueltas de las mangas los altos funcionarios de la corte electoral. En el segundo piso vivieron a partir de 1771, los Salomón, una familia de músicos que gozaba de cierta reputación. Uno de ellos, Johann Peter que era violinista, fue quien llevó a Franz Joseph Haydn a Inglaterra en 1790. Gracias a esto tuve la oportunidad de entrevistarme con el gran maestro cuando iba de regreso a Viena.

Me bautizaron en la vecina iglesia de San Remigio, la misma en donde habían contraído matrimonio mis padres. Me pusieron el mismo nombre de su primer hijo, Ludwig Maria, muerto a los pocos días de nacido, pues querían que de todas maneras el nombre de mi abuelo se perpetuara. Este fue el motivo para que durante mucho tiempo existiera cierta confusión con respecto a la fecha de mi nacimiento.

La casa donde nació Beethoven es, actualmente, la n° 20 de la Bonngasse; está dedicada a perpetuar la memoria del gran músico y se conoce como la Beethovenhaus.

Y si a esto se agrega la estupidez de mi padre de hacerme aparecer dos años menor, con el ánimo de explotarme como niño prodigio, como se verá más adelante, se entenderá por qué se creó un aura de misterio que casi ni yo mismo puedo disipar. Sólo cuando estaba cerca de cumplir cuarenta años y tuve la necesidad de conseguir un acta de mi nacimiento, tras largas y fatigosas investigaciones por fin el engaño quedó al descubierto; por lo menos ante mí, que era a quien le interesaba.

En el año de 1774 reinaba el arzobispo y príncipe Elector de Colonia, Maximilian Friedrich, quien había sucedido a Clemens August en 1761. Yo era muy pequeño para describirlo, pero me atengo a lo que algunos decían sobre él: que era muy robusto para su baja estatura; moreno, poco atractivo, pero accesible y agradable. Al parecer manifestaba más interés por la música, el arte y la arquitectura que por las pésimas condiciones de vida de sus súbditos más necesitados. Además, como era muy alegre y cariñoso, siempre andaba en compañía de hermosas mujeres que, según decían, le gustaban más que su breviario. Entre este círculo de amigas estaba la abadesa de Vilich, con quien sostenía una relación muy estrecha. Era evidente que no tenía mucho tiempo para gobernar, razón por la cual sus funciones las ejercía a través de un personaje odiado por todos sus súbditos, el ministro Belderbush, que por sus actividades se movía dentro de estos edificantes círculos de la Corte. El espectáculo que daban quienes ocupaban los más altos cargos escandalizaba a la gente y me atrevo a pensar que, en mi caso, este mal ejemplo algo tuvo que ver con mi aparente indiferencia religiosa.

¡Genio...! y ¿figura?

Yo era de baja estatura, más bien fornido, de hombros anchos, características que me hacían parecer de una robusta complexión, similar a la de mi abuelo. Además, tenía muchos de los rasgos de su fisonomía y por eso me gustaba mirarme al espejo y tratar de imitar algo de sus gestos y actitudes que vagamente, pero con gran ternura recordaba.

Mis maneras eran rudas, más bien bruscas, y mis movimientos algo torpes y carentes de elegancia; los cabellos negros, negrísimos y espesos los llevaba siempre en el más completo desorden. Al envejecer y tornarse grises, mi cabeza daba la apariencia de la de un león; la cara grande, la frente ancha y abultada. Por mi tez morena, la gente se refería a mí despectivamente como al *"Spagnol"*, como ya lo he dicho, afirmando que mi origen era español; los ojos pequeños, de color grisáceo, brillaban con intenso fulgor en las ocasiones en que la pasión o la cólera me dominaban y daban a mi mirada una fuerza prodigiosa. Por lo menos, eso era lo que me decían. La nariz era algo grande, pero aplastada, y en la boca, más bien pequeña, sobresalía el labio inferior sobre el otro. ¡Ah! y tenía un hoyuelo bastante profundo, que le daba una extraña asimetría al rostro. Las manos eran muy velludas y las uñas anchas. August von Kloeber, que me hizo un retrato en el verano de 1818, luego de habernos encontrado en diversas ocasiones durante mis cotidianos paseos en Mödling, exageró un poco mis rasgos, pero si alguien quisiera compararlo con esta descripción, estoy seguro de que encontrará que el pintor hizo un buen trabajo.

La descompostura de mi porte era habitual y vestía por lo regular a la francesa: traje verde oscuro con grandes botones de cobre, chaleco y corbata blanca; usaba sombrero por fuerza de la costumbre, pero lo llevaba hacia atrás y como mi cabeza era maciza y mi cuello bastante corto, siempre me molestaba, porque tocaba el del gabán, alto y tieso, como se estilaba. Todo este conjunto, cuando estaba de pie o iba caminando, siempre ligeramente encorvado, le daba a mi figura —yo mismo me daba cuenta— un aire un tanto cómico.

Pasiones y desengaños

Con tan atractivas características físicas aparte de mi fuerte temperamento, no es de extrañar que hubiera tenido tanta dificultad en ser aceptado por las mujeres que me atraían. Muchas de ellas me hacían creer que sentían algo por mí, pero lo que les interesaba era que yo aceptara ser su maestro, pero poco a poco aprendí —en realidad nunca aprendí— que lo único que admiraban en mí era mi capacidad creadora, mis interpretaciones; en resumen, era aceptado por mi profesión, no por lo que yo era como ser humano, sino por mi música. Esto me lo merecía por poner los ojos en princesas y condesas, por entusiasmarme una y otra vez con mujeres pertenecientes a una clase social diferente a la mía, sabiendo que eran tan presuntuosas por su condición que no podían permitirse acercarse sentimentalmente a alguien que no estuviera a su altura. Esa fue otra de mis terribles desgracias. Tenía una tendencia a enamorarme, a inclinarme hacia las mujeres con las que era imposible llegar a casarse, bien porque ya lo estaban, porque estaban comprometidas o porque pertenecían a la nobleza.

Cuántas veces ante la aparición —¡sí, eran como apariciones!— de una hermosa dama tuve que reprimir mis sentimientos sin que me atreviera a exteriorizar la admiración o la loca pasión que me inspiraba; mi corazón latía con tal fuerza que parecía que iba a estallar. Eran unos tremendos golpes internos que me ensordecían aún más, como las notas del piano en aquellos instantes de inspiración y de pasión que no podía oír cuando ya estaba sordo.

Intenté muchas veces hallar la felicidad conyugal, pero el destino se encargó de apartarme de la senda del matrimonio. Quizás fue mejor así: ¿cuál de todas esas mujeres, unas de posición social diferente a la mía y otras tan jóvenes, con las que estuve relacionado, hubiera aguantado demasiado tiempo un carácter a veces violento, el frecuente mal humor, el desorden, la incurable amargura, sin mencionar mi deteriorada salud?

La huella que dejaron muchos de esos amores frustrados es imborrable a pesar del tiempo. Me parece ver ahora los bellos y dulces rostros de esas mujeres, pasando una por una frente a mí, con la cabeza levemente inclinada como si estuvieran haciendo una respetuosa reverencia, ante aquel que despreciaron, sin considerar, y mucho menos comprender, sus nobles y sinceros sentimientos.

¿Herencia gitana?

Ese año de 1774 comenzó el que sería uno de mis destinos: el incesante cambio del lugar de residencia. Supongo que algo tuvo que ver nuestra sangre flamenca. Primero fue mi abuelo el que dejó todo para irse a vivir a un país lejano. Después empezó mi padre a manifestar esa herencia, la cual se vio complementada con su inestabilidad económica. Luego sería yo el que no pudo permanecer por mucho tiempo en un mismo sitio. De las casas en donde vivimos en Bonn alcanzo a recordar que unos meses antes del nacimiento de Karl tuvimos que irnos de la Bongasse a una un poco más grande, situada en la Drieckplatz, marcada con el N° 7 ó el 8. A los dos años, en 1776, nos pasamos a la del señor Fischer, en la Rheingasse N° 934, donde nació Johann.

Pero pronto mi padre creyó conveniente vivir cerca del palacio del Elector, para poder ir y venir de su trabajo en el menor tiempo posible. Así llegamos al N° 992 de la Neugasse. Más nos hubiera valido vivir lejos del palacio, pues no habíamos acabado de instalarnos cuando una noche, a mediados de enero de 1777, una serie de atronadores estallidos nos sacó de la cama. Mi padre inmediatamente trató de darnos una explicación que nos tranquilizara y nos dijo que seguramente se trataba del polvorín. Sentíamos que la ciudad se sacudía y veíamos cómo se incendiaba el ala oeste del palacio. Las llamas alcanzaron luego el campanario, que en pocos minutos se vino abajo, con su carrillón. Se silenciaron sus campanas, las que oíamos todas las mañanas. ¿Un presagio del silencio que me acompañaría cerca de la mitad de mi vida? El triste panorama que se presentó ante nuestros ojos se extendió a otros sectores de la ciudad durante los días siguientes debido al fuerte viento invernal.

Se dice que los primeros grupos de gitanos llegaron al norte de Europa durante los siglos XIV y XV. Aunque una de sus características es no tener un domicilio fijo, algunos se instalaron de manera permanente en los barrios pobres de las ciudades. Se sabe que desde Flandes fueron a muchos lugares en la época de Carlos V. Quizás por eso, una de las palabras sinónimas de gitano es flamenco.

Cuando todo terminó, en todas partes se oía hablar con respeto y admiración de aquel señor que había muerto ayudando a salvar la vida de muchas personas. Algunos años más tarde, cuando comencé a frecuentar a la familia Von Breuning, me enteré de que el héroe de esta horrible pesadilla era el padre de la dulce Leonore, la amiga con la que pude contar hasta mis últimos días.

Esta dolorosa tragedia llevó a mi padre a volver a la casa de Fischer afirmando que era mejor vivir cerca del Rin que tenía suficiente agua para apagar el fuego en caso de que volviera a presentarse una situación como esa. En efecto, años después pudimos comprobar qué tanta agua corría por el río cuando se desbordó y nos vimos obligados a salir por las ventanas del primer piso para no morir ahogados.

Como se dan cuenta, mi infancia, mi penosa infancia, estuvo colmada de inestabilidad y de zozobra, en medio de toda clase de privaciones espirituales y materiales. El dinero cada vez alcanzaba menos para atender las más elementales necesidades, de manera que mi familia empezó a empeñar todos los enseres. Esta carencia de comodidades cotidianas se vio compensada con el hecho de haber contado con una buena madre y haber crecido en un ambiente de buen gusto y cultura propios de la ciudad de Bonn, con la belleza natural de sus tierras bañadas por el Rin, *con sus chopos envueltos por la bruma, su maleza, sus sauces, sus árboles frutales... y sus siete montañas azuladas que dibujaban sobre el cielo sus perfiles atormentados, coronados por las esbeltas y bizarras siluetas de los viejos castillos en ruinas*, vivencias determinantes en la formación de mi carácter.

¿Llegaría a ser músico?

En nuestro hogar, poco a poco se fueron perdiendo los nobles y tiernos sentimientos familiares y toda educación moral e intelectual se fue diluyendo en un ambiente tenso, en medio de las constantes discusiones y altanerías de mi padre, borracho, vicioso y colérico; su tiranía la soportaba mi desdichada madre, cada día más débil y enfermiza, con resignación y amargura. No obstante, en medio de tantas dificultades y tristezas, mi padre, a veces, cuando estaba sobrio y otras veces mi madre, solían repetir las historias que mi abuelo contaba sobre sus actividades en la Corte, quien siempre decía que si él había sido músico y tenía un hijo músico, su nieto también debería ser músico, si la herencia y la tradición se cumplían. A pesar de mi corta edad, oía todo esto con mucha atención, pues ya sentía una fuerte atracción por la música y pensaba que si ese había sido su sueño quizás de alguna manera pudo transmitirme algo de sus conocimientos y logró despertar mi vocación artística. No me cabe la menor duda de que mi pasión por la música la heredé de mi abuelo y siempre que tuve la oportunidad me referí a él con especial afecto, orgullo y gratitud.

En cuanto a los pocos estudios que tuve, comenzaron en un establecimiento de la Neugasse. Para la edad que tenía, estaba bastante retrasado con respecto a mis condiscípulos y, para completar, mi presentación personal dejaba mucho que desear, al punto de que me preguntaban si era huérfano, pues no de otra manera se podía explicar que asistiera tan descuidado a la escuela. Estas circunstancias provocaban el rechazo de mis maestros y compañeros; aparte de eso, decían que yo era muy torpe en matemáticas y que solamente había aprendido a sumar, pero eso, por supuesto, no era cierto. De allí pasé a la Münsterschule y finalmente al Tirocinium. Estos comentarios escolares y la situación económica de la familia, como es natural, me hacían día tras día, más retraído y solitario.

Antipedagógicos métodos

Mientras tanto mi padre, que cada vez veía en mí mayores aptitudes musicales, no tuvo inconveniente en interrumpir mis estudios, cosa que en un principio me produjo cierto alivio, para enseñarme a tocar el clavicordio y el violín, sin tregua ni descanso; yo no sabía cuáles eran sus verdaderas intenciones. La familia se encontraba en la más apremiante miseria y habían llegado a sus oídos las noticias del éxito de un niño genio de Salzburgo, Wolfgang Mozart. Esto le hizo pensar —sólo lo supe después— que había llegado el momento de explotar las habilidades de su hijo en su propio beneficio. Pero no consiguió nada, pues yo, que era de carácter voluntarioso y más terco que varios pares de mulas, no cedí a los brutales sistemas pedagógicos que trataba de imponerme. Además, yo no era Wolfgang, ni mi precocidad era suficiente para justificar sus propósitos, ni él, el amable Leopold, su padre.

Pero no se daba por vencido. Su empeño en utilizarme como niño prodigio lo llevó a falsificar en dos años la fecha de mi nacimiento antes de llevarme a Colonia en 1778, donde muy orgulloso me presentó por primera vez ante un público que, con entusiasmo, aplaudió la actuación de un niño de tan sólo seis años. Ahora creo que tal vez no sólo fui muy torpe para las matemáticas sino que me faltó mucho de perspicacia en la adolescencia y juventud para darme cuenta de que era algo mayor de lo que se decía. Tenía casi cuarenta años cuando conocí el engaño y pude saber cuál era mi verdadera edad al solicitar en 1809 mi partida de nacimiento, requisito para el matrimonio que estaba próximo a contraer, sin saber que la mujer de mis sueños no estaba dispuesta a ir al altar.

Después de esa exhibición en Colonia, a pesar de mis "seis" años —ahí sí resulté prodigio—, me rebelé de nuevo ante las exigencias de mi padre, y le alegué que antes de proseguir con estas presentaciones debía estudiar más para ampliar mis conocimientos musicales. A pesar de mi corta edad, me aterraba la idea de hacer el ridículo, al que había aprendido a enfrentar sin que me importaran mucho las consecuencias. Hubiera sido lamentable para mi futura carrera no haberlo hecho, pues ya tenía muy claro que mi pasión por la música era superior al miedo que me producían sus crueles métodos de enseñanza. Por eso, cuando me encontraba a solas me sentaba ante mi instrumento e improvisaba durante horas, cosa que no podía hacer en su presencia porque me reprendía duramente. Estas experiencias me hicieron desafiar su cólera negándome a aceptar su brutal estímulo, que reñía con la fantasía y quizás genialidad que bullían en mi interior. Si no es por este acto de valentía es muy posible que hubiera llegado a aborrecer la música.

¡Qué maestros!

Por fin, al menos temporalmente, los planes de mi padre se vieron frustrados y yo pude continuar dando rienda suelta a los caprichos de mi inspiración y recibir lecciones de alguien diferente a mi progenitor. Fue en aquel momento cuando el viejo Gilles van den Eden —en realidad se llamaba Aegidius, pues era de Flandes—, organista de la Corte, se ofreció a enseñarme sin cobrar honorarios, bien sea porque había sido amigo y colega de mi abuelo o porque el Elector, que había oído hablar sobre mis habilidades, prometió pagarle para que me enseñara. Al cabo de unas pocas lecciones, nos dimos cuenta mi padre y yo de que como maestro había resultado bastante inútil, pues mis conocimientos superaban el nivel de los suyos.

Tenía ya un poco más de nueve años cuando mi padre me puso en manos de un amigo suyo, que, según decía, era un célebre tenor, buen flautista y pianista. Su nombre era Tobias Pfeiffer y había llegado a la ciudad en el verano de 1779. En honor a la verdad, hay que reconocer que sí era un artista, pero con la vida que llevaba era imposible que pudiera llegar muy lejos con su arte, al igual que mi padre. Como su amistad era producto de sus frecuentes encuentros en la taberna, llegaban bien entrada la madrugada a la casa de los Fischer donde vivíamos y a esas horas el par de borrachos me despertaban, me sacaban de la cama con violencia y me exigían dar mi lección.

Doce largos meses tuve que soportar a Pfeiffer, pero nunca le guardé rencor, tal vez porque a pesar de mi corta edad e inexperiencia sentía que era un verdadero músico. Así lo demostraba cuando en algunas ocasiones me permitía tocar el piano mientras él tocaba la flauta y la gente que pasaba por la calle se paraba a escuchar y aplaudía con entusiasmo.

En esos días se hospedó durante un mes en la casa donde vivíamos una señora que venía de Rotterdam y en agradecimiento nos invitó a visitarla cuando quisiéramos. Esto le pareció a mi padre una oportunidad de volver a presentar a su "hijo prodigio" en público. Como él no podía abandonar su trabajo, nos envió a mi madre y a mí en un barco por el Rin. El frío era tan intenso que para evitar que se me congelaran los pies ella me arropaba bajo su traje. Este viaje fue un fracaso, pues se redujo a unas cuantas presentaciones en casas particulares que no produjeron ningún beneficio económico. Los holandeses no me gustaron y jamás volví a Holanda.

> Quiero demostrar que todo el que obra bondadosa y noblemente, puede por lo mismo, sobrellevar el infortunio.
>
> —BEETHOVEN

Grito de independencia

En 1781, cansado de la irresponsabilidad de mi padre, no sólo resolví independizarme de su tutela, sino que abandoné definitivamente mis estudios en el Tirocinium, un colegio de grado elemental que preparaba a los alumnos para su ingreso al Instituto, algo que no estaba dentro de mis planes. Como había decidido ser músico a costa de cualquier sacrificio, por mi propia cuenta me convertí en discípulo del ya célebre Christian Gottlieb Neefe, compositor y excelente organista, en quien encontré no sólo un incomparable maestro de música, a la que consideraba como el lenguaje del alma, sino un guía espiritual, un gran amigo. En muchas ocasiones dejaba el instrumento y las formas musicales para leer en voz alta trozos de literatura que luego comentábamos.

Neefe, que había sido educado en Leipzig con el rigor correspondiente a la alta tradición musical de esta ciudad, al darse cuenta de que yo tenía atributos suficientes para enseñarme armonía, contrapunto y composición, me proporcionó la disciplina mental y musical que necesitaba. Al mismo tiempo, me permitió familiarizarme con el órgano, lo que le abrió a mi imaginación horizontes insospechados. Fue un crítico severo, pero constructivo; el primer profesor responsable que tuve y mi verdadero mentor musical. Me dio a conocer a Bach, Haydn y Mozart. No ocultaba su sorpresa cuando yo tocaba de memoria y sin equivocarme las piezas que me daba para estudiar.

De él recibí, durante mi adolescencia, el más desinteresado apoyo y comprensión. Años más tarde le escribía: *Una vez más, os doy las gracias por los consejos que siempre me habéis dado para sobresalir en mi divino arte; si algún día logro triunfar, la mayor parte del éxito será vuestra, ya que os debo todo lo que soy.* Fueron tales mis adelantos en los siguientes dos años que Neefe no vaciló en encomendarme algunas funciones de la Corte; inclusive me permitió reemplazarlo en ciertas ocasiones en el órgano durante sus ausencias temporales, sin contar que fue él quien me animó para que publicara mi primera obra, *Nueve variaciones para piano sobre una marcha de Dresser.* El 30 de marzo de 1783 apareció mi nombre por primera vez en letras impresas, en la revista *Magazin der Musik.* Era esta una crítica oficial sobre mis conocimientos y habilidades musicales. Me la aprendí de memoria, por la novedad que significó para mí. Decía lo siguiente:

> "Ludwig van Beethoven, muchacho de once años y con un talento privilegiado, toca el clave con gran maestría, lee perfectamente a primera vista, cualquier composición, y ejecuta con gran destreza *El clave bien temperado* de Johann Sebastian Bach que le fue entregado por *Herr* Neefe. Quienes conozcan esta colección de preludios y fugas con todas sus claves —obra que casi podría llamarse el *non plus ultra* de nuestro arte— sabrán lo que esto significa (...). Para estimularle, le indujo a escribir *Nueve variaciones sobre una marcha de Ernst Christoph Dresser*, publicadas en Manheim. Este genio infantil necesita una ayuda que le permita viajar, ya que si continúa conforme ha empezado, será posiblemente un segundo Wolfgang Mozart".

Todo esto me impulsó a seguir componiendo y estudiando. Conseguí que el padre Willibald Koch, organista del monasterio franciscano me diera lecciones de órgano y Rovantini de violín y viola. Simultáneamente comencé a dar clases de música a varios alumnos, para ayudar a mi familia, ya que mi padre era cada vez más irresponsable y a mi madre se le habían empezado a manifestar los primeros síntomas de la tisis. Al poco tiempo fui aceptado como segundo organista de la Corte, con un salario de ciento cincuenta florines anuales.

Mi vida transcurría en un ambiente en donde la música era la protagonista de todas las reuniones. En las casas de los aficionados más acomodados se ofrecían conciertos que eran unos verdaderos talleres experimentales, la mejor manera de aprender de los artistas más avanzados. Por otra parte, muchos de mis vecinos eran músicos profesionales con los que coincidía casi a diario por razones de trabajo en conciertos privados o en palacio. Muy pronto me familiaricé con la música religiosa en las frecuentes ceremonias que se celebraban en la capilla del Elector y en las iglesias. Puedo decir ahora que si no compuse más música sacra no fue por falta de conocimientos o aptitudes, sino porque en mi espíritu bullía más la música sinfónica.

Aprendí muchísimo sobre la orquesta en esas reuniones diarias en que se interpretaba música para la *Tafel,* es decir para la hora de la comida. En resumen, todas mis capacidades y sentimientos estaban concentrados en oír —¡ah, oír!—, oír música, pensar y hablar de ella, vivir para ella. Y cómo disfrutaba sorprendiendo a los mayores con alguna arriesgada improvisación, que no todas las veces era aplaudida, como aquella en que fui "graciosamente amonestado" por el Elector, ante una queja del cantante Ferdinand Heller, a quien acompañaba al piano en unos fragmentos de las *Lamentacio-*

nes de Jeremías. Tuve la ocurrencia de tocar unas notas con una persistencia no acostumbrada, al punto de que Heller se desconcertó de tal manera que no supo encontrar la cadencia de cierre, mientras los músicos de la capilla enmudecían ante mi habilidad.

ÉXITOS Y MECENAS

Antes de cumplir trece años compuse tres sonatas para piano y unas variaciones que dediqué al Elector Maximilian Friedrich, quien murió unos meses después. En los años siguientes, escribí un concierto para piano, algunas canciones, un trío, pequeñas piezas también para piano y mis primeros cuartetos de cuerda. A pesar de haber recibido alentadores comentarios, renuncié a publicar estas obras por considerarlas apenas como unos ensayos, pues desde muy joven fui un severo crítico de mi trabajo.

El nuevo Elector, el joven archiduque Maximilian Franz, hijo de Maria Theresia, estaba dispuesto a hacer de Bonn una ciudad donde se respirara un ambiente cultural nunca antes visto, impulsando las ciencias y la educación. Hizo construir un jardín botánico y abrió una sala de lectura en la biblioteca de Palacio mientras tramitaba la carta de constitución de una universidad, la cual fue aprobada y pudo inaugurar en noviembre de 1786.

Esto atrajo a muchos personajes de elevado rango, intelectuales y artistas que se establecieron allí y convirtieron la ciudad en centro cultural muy destacado. Entre estos se encontraba el joven conde Ferdinand Waldstein, a quien tuve la inmensa suerte de conocer durante un concierto. Inmediatamente me prestó la mayor atención y se interesó por estimular mi trabajo haciéndome frecuentes encargos. Cómo no hacer de él la mención más emocionada, si el primer piano que tuve de mi propiedad fue un obsequio suyo. Años más tarde, como prueba de mi gratitud, le dediqué una sonata para piano que bauticé con su nombre.

En la primavera de 1787, con el apoyo del Elector, del conde Waldstein, de algunos amigos y del profesor Neefe, quien hizo los planes, pude realizar el sueño de viajar a Viena, sede del trono de los Habsburgo y el centro musical más importante de Europa, con el propósito principal de conocer a Wolfgang Amadeus Mozart. Era algo que deseaba ardientemente desde hacía varios años, desde cuando el propio Neefe, con tanta generosidad, comparó mi talento con el de tan extraordinario maestro. No veía la hora de recibir sus valiosas enseñanzas.

Wolfgang Amadeus Mozart (1756-1791). Desde su viaje a Italia en 1769, ante la dificultad de los italianos de pronunciar su nombre, se hizo llamar Amadeus ("que ama a Dios"): italianización del Teophilus recibido al nacer, que ya había germanizado en Gottlieb.

En nuestro primer encuentro, Mozart me pidió que tocara algo, pero no me prestó mucha atención, pensando sin duda que yo había preparado esta pieza para la ocasión. Al darme cuenta de su actitud, un tanto displicente, le pedí que me diera un tema cualquiera y rápidamente empecé a improvisar con gran destreza e inspiración, vivamente excitado por las circunstancias. Cuando terminé Mozart, asombrado, alabó mi capacidad de improvisación, se volvió a los allí presentes y les dijo: "Fijaos en él y no lo perdáis de vista. Algún día dará de qué hablar en el mundo".

Adiós a mi mejor amiga

Llevaba muy poco tiempo estudiando en Viena, cuando me avisaron que mi madre, a la que adoraba, estaba gravemente enferma. Sin vacilar partí apresuradamente a Bonn y la encontré *viva aún, pero sumamente postrada: la consumía la tisis.* A los pocos días, el 17 de julio de 1787, funesta fecha, *el fin llegó tras un largo dolor y sufrimiento.* Su muerte me sumió en la más profunda tristeza y melancolía. *¡Era para mí una madre tan buena, tan amable, tan merecedora de cariño! ¡Fue mi mejor amiga! ¡Oh! ¿Quién era más feliz que yo cuando podía pronunciar el dulce nombre de madre y ella podía escucharlo?*

No puedo asegurar que tan agotada como estaba me hubiera confiado el cuidado de sus seres queridos, o si fue que yo, ante su terrible angustia y tratando de aliviar su agonía, le prometí ocuparme del bienestar moral y físico de mis tres hermanos, Karl, Johann y la pequeña Margaretha de apenas un año, quien murió cuatro meses después a pesar de los cuidados que le prodigamos.

Asumí esta responsabilidad como algo sagrado, con la ayuda de una asistente contratada para colaborar en las labores domésticas. Con tan solo diez y siete años, pasé a ser la cabeza de la familia, pues mi padre, ya totalmente alcoholizado e inútil, vivía lamentándose y atribuyéndole sus desgracias a la enfermedad de mi madre. Cuando él tuvo que retirarse de su puesto, el Elector me asignó la mitad del dinero que le correspondía para sufragar nuestros gastos; pero esto no era suficiente, pues lo que ganaba como organista de la Corte en el Teatro Nacional y lo poco que me pagaban por algunas clases particulares —el tiempo no me alcanzaba para nada más— se me iba en el sostenimiento de la casa.

Obsesión y realidad

Durante el viaje a Bonn había sentido ciertos malestares respiratorios, que atribuí a las tristes circunstancias que me habían obligado a regresar, pero con el correr de los días se fueron agudizando y comencé a sufrir unos ataques de *asma que me tuvieron postrado* durante algún tiempo, a tal punto de que llegué a *temer que esta enfermedad pudiera convertirse en tisis. Además, estaba dominado por la melancolía, que en mi caso era una tortura casi igual a la enfermedad física.*

La amarga experiencia de ver morir a mi madre a causa del terrible padecimiento me obsesionó y, durante el resto de mi vida, me llevó a adquirir la desagradable costumbre de sacar con frecuencia, sin importarme delante de quién estuviera, un pañuelo, por lo general de vivos colores, que extendía en la palma de la mano para escupir y mirar detenidamente, antes de doblarlo con gran cuidado, para volver a guardarlo en el bolsillo.

De mi fugaz estadía en Viena me quedaba la satisfacción y el orgullo de haber conocido a Mozart, privilegio que no tuvieron muchos de mis contemporáneos. Me consolaba pensando que algún día podría regresar y volver a recibir sus valiosas enseñanzas. No tuve esa oportunidad, pero sí aprendí mucho de su música y su influencia es innegable en algunos de mis trabajos posteriores a este importante encuentro.

Solidaridad incondicional

Por aquellos días, el doctor Franz Gerhard Wegeler, un hombre noble y emprendedor, cinco años mayor que yo, a quien había tenido la fortuna de conocer unos años atrás cuando estudiaba medicina en la Universidad de Bonn, trataba infructuosamente por todos los medios posibles de atenuar mis sufrimientos y levantar mi decaído ánimo. Él, que desde un principio se convirtió no sólo en uno de mis queridos y sinceros amigos, sino también en mi protector, quizás porque encontró en mí ciertas cualidades que lo conmovieron, tuvo la feliz idea de presentarme a una mujer amable, culta y distinguida, Hélène von Breuning, la viuda de aquel héroe de Bonn durante el incendio de 1777. Ella estaba al tanto de las tristes circunstancias por las que estaba atravesando. Me acogió con cariño y desinterés y me permitió pasar en su casa muchos ratos para mitigar mi dolor; al poco tiempo me contrató como profesor de música de sus cuatro hijos, Christoph, Leonore, Stephan y Lorenz y empecé a ser tratado como un miembro más de la familia.

Stephan, casi de mi misma edad, fue en el que desde un principio pude confiar y pronto nos hicimos muy amigos. Esa amistad, que lo llevó a trasladarse a Viena unos años después que yo, perduró hasta los últimos días de mi vida, al igual que la de Leonore, la dulce y gentil *Lorchen*. Cómo quise y admiré a esa hermosa muchacha dos años menor que yo, quien de alguna forma se convirtió en la hermana que nunca tuve. Su amor por la poesía, sus frecuentes lecturas en voz alta, la apasionada manera de declamar los versos de los grandes poetas me llevaron a compartir su afición, que posteriormente sería fuente de inspiración de algunas de mis composiciones.

La señora Von Breuning se convirtió en mi gran apoyo, se ganó mi afecto por su comprensión y ternura. A partir de entonces, pasó a ser como mi segunda madre. Me inició en el conocimiento del francés, me ayudó mucho con el latín y en su hogar tuve el primer contacto con la literatura alemana. Aparte del alimento espiritual que recibía en esa casa, cómo no mencionar esos exquisitos platos que servían para atender a sus invitados. No sé si fue allá donde tuve por primera vez la oportunidad de saborear deliciosos postres y tortas a base de chocolate, porque el precio de éste, al igual que el del azúcar, era tan elevado, que nosotros no estábamos en capacidad de pagarlo; mientras una libra de carne de res costaba entre cinco y seis kreuzer, el de una de chocolate alcanzaba la escandalosa suma de doscientos y un trabajador normal se ganaba al día, cuando yo llegué a Viena, más o menos veinticuatro. Esos placeres gastronómicos estaban reservados únicamente para la gente de altos ingresos.

La casa de la familia Von Breuning que estaba situada en la Münsterplatz, era frecuentada por personas cultas y distinguidas que me obligaron, en buena hora, a empezar a dejar de lado mis costumbres y educación primitivas, por lo que comencé a ver el mundo desde otro ángulo, a preocuparme por los conflictos de la época y a asimilar lo que sucedía a mi alrededor, cosas que antes no me interesaban. Me introduje, pues, en la sociedad, pero continuaba trabajando sin descanso, buscando siempre mejores resultados. Había cumplido diez y nueve años y aún no estaba suficientemente convencido de mis aptitudes. Muchas veces terminaba una obra, y al volver a examinarla la archivaba o la destruía, como por ejemplo dos cantatas y un quinteto que nunca di a conocer a nadie porque no me sentía satisfecho; sabía que me faltaba mucho por aprender aunque recibiera elogios de aquellos que en ocasiones insistían en oír mis nuevas composiciones.

La señora Anna Dorn en su libro *Wiener Universal–Kochbuch (Libro vienés de la cocina)*, publicado en 1827, cuenta que hacia 1790 una libra de chocolate valía entre 1 y 5 gulden (florines) y 1 gulden equivalía a 60 kreuzer (cruzados), mientras una de azúcar costaba entre 3 y 7 gulden. Con la aparición del azúcar de remolacha hacia 1800, el precio se redujo considerablemente.

Cantatas para emperadores

El año de 1790 estuvo marcado por una serie de acontecimientos que fueron definitivos en mi vida, como la visita inesperada a Bonn de Haydn, un compositor que gozaba ya de un sólido y merecido prestigio. Gracias a la intervención de mi amigo de infancia Johann Peter Salomon, pude tener una entrevista con el Maestro. Aparte del deseo de conocerlo, tenía el más vivo interés de saber su opinión sobre una cantata que había compuesto hacía poco tiempo. Luego de examinarla con mucho cuidado, se mostró muy sorprendido y sin vacilar alabó mi talento; enseguida, con gran generosidad me recomendó contemplar la posibilidad de trasladarme a Viena, en donde el ambiente era más propicio que el de esta pequeña y apartada ciudad. Me dijo que allí, si estudiaba con mucho ahínco, con seguridad podría tener un brillante porvenir.

Al poco tiempo mi fama había comenzado a difundirse. Un día a finales de ese mismo año recibí, con inmensa satisfacción, el encargo de escribir una cantata en memoria de Joseph II. La tarea no me resultó difícil porque durante mi breve visita del 87 a Viena, aunque fue muy poco lo que alcancé a enterarme del acontecer político, los comentarios que se hacían en los salones sobre el Emperador, bien conocido como reformista ilustrado y entusiasta, me habían impresionado mucho. Se le consideraba un soberano sensible a las preocupaciones de sus súbditos, a riesgo de ofender a la nobleza al no cesar de atacar sus privilegios, y esto era algo que coincidía con las ideas y la fe que yo tenía, a pesar de mi juventud, sobre la libertad y los derechos de todos los ciudadanos.

Había subido al trono en 1780, pero desde la muerte de su padre Franz I de Lorena en 1765, su madre Maria Theresia, quien era la emperatriz desde hacía veinticinco años, lo había asociado al poder. Decían que ella fue quien inició la reforma que había empezado a ocuparse de los problemas sociales en el imperio. Su interés por evitar el descontento popular con una monarquía tan poderosa como la de los Habsburgo la llevó a desposeer a los nobles del dominio absoluto que tenían sobre la población campesina.

Por su parte, su hijo abolió las torturas, la pena de muerte y restauró la libertad de prensa.

En lo referente a la Iglesia, que el Estado concebía como instrumento de la autoridad, despreció la tradición y frenó el ascendiente del clero cuando se trataba de proporcionar al pueblo cierta diversión. Suprimió las órdenes contemplativas, confiscó sus bienes y favoreció a las minorías religiosas. Muchos hablaban de su simpatía con los masones, porque consideraba que sus miembros representaban un poder independiente, que sin dejar de ser católicos no se sometían al poder eclesiástico ni aceptaban las ambiciones políticas papales. Nunca ingresó a la orden, pero su padre había sido masón y su madre lo respetaba y le permitía asistir a las tenidas que realizaban en el más absoluto secreto por temor a la excomunión decretada por el Papa. Según la emperatriz, estas reuniones eran menos peligrosas que los frecuentes encuentros clandestinos de su marido con damas de la corte.

Escribí esta cantata conmovido por la desaparición de un personaje a quien había admirado y el resultado fue que quienes tuvieron la oportunidad de escucharla la calificaron como conmovedora y sorprendente por haber sido escrita por un joven de tan sólo diez y nueve años. Con este éxito, unos meses después me encomendaron la composición de otra para la ceremonia de entronización de su sucesor, otro de los hijos de Maria Theresia, Leopold II.

Viena, ciudad imperial

Los elogios que recibí por esas dos últimas obras y las palabras de Haydn me hicieron contemplar la posibilidad de regresar a Viena. Ante el más ferviente deseo de triunfar, no vacilé en acudir de nuevo a mi amigo y mecenas, el conde Waldstein. Gracias a él mi sueño se hizo realidad y partí para la capital austriaca el 2 de noviembre de 1792, sin saber que abandonaba para siempre mi patria, mi querida ciudad natal, mi casa, y, sobre todo, *nuestro padre el Rin*, en cuyas orillas vi la luz primera. A la misma edad, mi abuelo había dejado todo, su tierra, su familia, sus amigos, para radicarse en Alemania. Ahora, yo hacía lo mismo.

A pesar del entusiasmo que me embargaba, fue una triste y emotiva despedida; recibí muchas manifestaciones de afecto, algunas consignadas en un pequeño álbum que me entregó el doctor Wegeler, quien se había casado con mi querida *Lorchen*. Ella, como siempre con un poema a flor de labios, había copiado en la última página unos versos —un canto a la amistad— del escritor y filósofo alemán Johann Gottfried von Herder y al final escribió: "Vuestra amiga que nunca os olvidará, Leonore Breuning".

Salí de Alemania en el preciso momento en que la revolución había comenzado a ahogar a Europa. Tuve que pasar por entre los ejércitos que hacían frente a las tropas francesas en el área del Rin; no estaba al tanto de la gravedad de lo que sucedía. Lo único que me interesaba era cruzar la frontera, llegar a Viena y comenzar una nueva vida.

Llegué a esta hermosa e inmensa ciudad —al menos diez veces más grande que Bonn—, corazón y esencia de Europa que se levanta abierta hacia el Oriente, en una encrucijada de caminos que se dirigen hacia los Alpes, a Baviera y a Bohemia. Aunque el porvenir era incierto y enorme la expectativa de encontrarme ante la sociedad más aficionada a la música de todo el continente, estaba decidido a darme a conocer como intérprete y como compositor. Leopold II había fallecido hacia poco, a los dos años de haber ascendido al trono, y el nuevo emperador, el último del Sacro Imperio Romano Germánico y primer emperador de Austria, era su hijo Franz II.

Mozart, el gran ausente

Wolfgang Amadeus Mozart había muerto hacía poco más de un año, olvidado y abandonado a su suerte por todos aquellos que lo ensalzaron y le prodigaron toda clase de homenajes durante su gloriosa infancia y juventud. Tenía apenas treinta y cinco años. No puedo imaginar qué hubiera sido de la música si él hubiera vivido tanto como Bach, Haydn o yo. A mí no me

Francia era una monarquía constitucional con un rey, Luis XVI, cada vez con menos poder, que dentro de su angustia le declaró la guerra a Prusia en 1792. El descontento popular era cada vez más fuerte. La Asamblea Nacional que se había constituido a raíz del triunfo del pueblo frente al poder de la nobleza y de la Iglesia, profirió la declaración de "Los derechos del hombre y del ciudadano". El marqués de La Fayette, ordenó disparar contra la multitud que se dirigía al palacio exigiendo la abdicación del rey. Mientras tanto, del sur llegaron refuerzos de voluntarios que entraron a París entonando un himno compuesto por un capitán de ingenieros llamado Claude Josef Rouget de L'Isle, al cual le habían puesto el título de *Canto de guerra del ejército del Rin*. Después lo llamaron *Marcha de Marsella* y se adoptó como himno nacional francés con el nombre de *La marsellesa*. Al terminar ese año, Luis XVI fue derrocado y detenido en Varennes cuando intentaba huir hacia Austria. Juzgado como traidor a la patria, fue llevado a la guillotina en enero de 1793. Curiosamente, mientras la revolución se esparcía la música instrumental florecía.

quedó ni siquiera el consuelo de llevar unas flores a su tumba, porque nadie daba razón del lugar donde había sido enterrado. Sólo decían que ese día se había desatado una tormenta de tal magnitud y con tan torrencial aguacero que fue imposible para los pocos que lo acompañaban seguir el carruaje fúnebre hasta el cementerio donde sus restos fueron depositados en una fosa común, en un lugar desconocido. Sus contemporáneos, en un acto que no puedo calificar sino de vergonzoso, permitieron, en su infinita ingratitud, que se cometiera tan tremenda e irreparable injusticia. Es posible que por el hecho de que hubiera sido durante los últimos años miembro activo de la Logia Masónica, actividad que estaba reprimida desde los tiempos de Maria Theresia, esos frívolos personajes, que años atrás acudían a sus presentaciones porque era lo que estaba de moda y no por el verdadero interés de escuchar sus obras, ahora lo repudiaran por pertenecer a esa fraternidad. No de otra manera se puede entender que en tan breve tiempo lo hubieran olvidado al punto de no darse cuenta que habían perdido a un ser extraordinario, a un autor tan prolífico y, mucho menos, lo que significaba su música.

Pero, ¿en dónde estaban sus hermanos masones? ¿Por qué no tuvieron el valor de estar presentes a la hora de su entierro y acompañarlo a su última morada? A él, que se inspiró en sus ritos para muchas de sus obras, *lieder*, cantatas y odas que se interpretaban durante sus ceremonias. Eso sin contar su última ópera, *La flauta mágica*, que contiene tanto de su simbología y a la que dedicó los últimos esfuerzos de su vida.

Todo esto me lo preguntaba algún tiempo después, cuando me interesé por conocer y entender algo acerca de esa orden, con el ánimo de escribir unas variaciones para piano y violoncelo sobre esa fábula o cuento de hadas, las que finalmente terminé en 1796. Pero antes de esto, hacia 1793, ya había hecho las *Variaciones para piano y violín sobre un tema de Las bodas de Fígaro* y en 1795 las *Variaciones sobre un tema de Don Giovanni,* como tributo de admiración al gran maestro desaparecido que había tenido el privilegio de conocer.

En estos momentos, mientras intento recordar los acontecimientos que fueron trascendentales en mi vida, siento una inmensa tristeza y también rabia; rabia conmigo por no haber sido capaz de aprovechar su legado en una forma más intensa, aunque no puedo negar que su obra influyó en muchas de mis composiciones, y rabia con todos aquellos que no fueron capaces de comprender que Mozart era alguien irremplazable, sin par. No encuentro las palabras que puedan expresar mi inconformidad ante semejante injusticia.

Huella de un maestro

Ya no podía tener a Mozart para recibir sus enseñanzas y consejos, pero estaba Haydn, y yo tenía el más vivo deseo de estudiar con él. El Maestro estaba poco interesado en tener más alumnos, pero aceptó darme algunas clases en atención a una recomendación personal del conde Waldstein y también porque tal vez recordaba haber visto en mí cierto talento y una fuerza musical poco común en mis composiciones cuando me conoció a su paso por Bonn, al regresar de Inglaterra en 1790. Pero no llegamos a congeniar. Él estaba ya en su plena madurez y yo demasiado joven e impetuoso, por no hablar de mi rebeldía y originales tendencias. Como si esto fuera poco, no hacía mayor esfuerzo para aprender las rígidas reglas del contrapunto y de la fuga, lo que contribuyó a que nuestras relaciones fueran más bien traumáticas. En alguna ocasión me preguntó por qué había insistido en estudiar con él si no me interesaba casi nada de lo que me enseñaba, y sin vacilar le contesté: *Sí me interesa conocer las reglas, para después poder transgredirlas mejor.*

Finalmente, nuestra relación profesor–discípulo fracasó, pero es justo reconocer que la influencia de la música de Haydn es evidente en mi obra y que si no aprendí mayor cosa con sus lecciones fue porque tal vez él, a pesar de su gran experiencia, no supo cumplir con su rol de tutor, ni yo, por mi soberbia e ignorancia, hice mayor esfuerzo para aprovechar las valiosas enseñanzas de este venerable Maestro. Sin embargo, los sentimientos de admiración y profundo respeto que le profesé no tardaron en convertirse en verdadera reverencia y siempre guardé como recuerdo los ejercicios de contrapunto que tuve que preparar para él.

Sólo, cuando murió muchos años después, comprendí el verdadero valor de haber tenido cerca a un compositor y maestro de tan altas cualidades. A él también, ahora, desde la eternidad donde ya estamos los dos, deseo rendirle un tributo de admiración y agradecimiento.

Arriba

Estudio del compositor alemán.

Página anterior

Ludwig van Beethoven en un óleo de W. Mähler. 1815.

Círculo de Amigos de la Música de Viena.

Trompetilla o tubo auricular que usaba Beethoven.

Theater an der Wien. *Grabado coloreado anónimo. Museo de Historia de la*
Ciudad de Viena. Además de la ópera Fidelio, *se estrenaron en este teatro*
la Eroica, *en abril de 1805; el concierto para violín op. 61, en diciembre*
de 1806, y la sinfonía Pastoral, *en diciembre de 1808.*

Páginas anteriores
Fragmento de un cuadernillo de anotaciones del año 1818, que el maestro
empezó a utilizar para comunicarse con sus interlocutores debido a sus pro-
blemas auditivos. En éstos solía escribir impresiones y sentimientos acerca de la
vida. El manuscrito se conserva en el Círculo de Amigos de la Música de Viena.

Beethoven en 1823. Reproducción del óleo de Ferdinand Waldmüller. Archivo Histórico Artístico de Berlín.

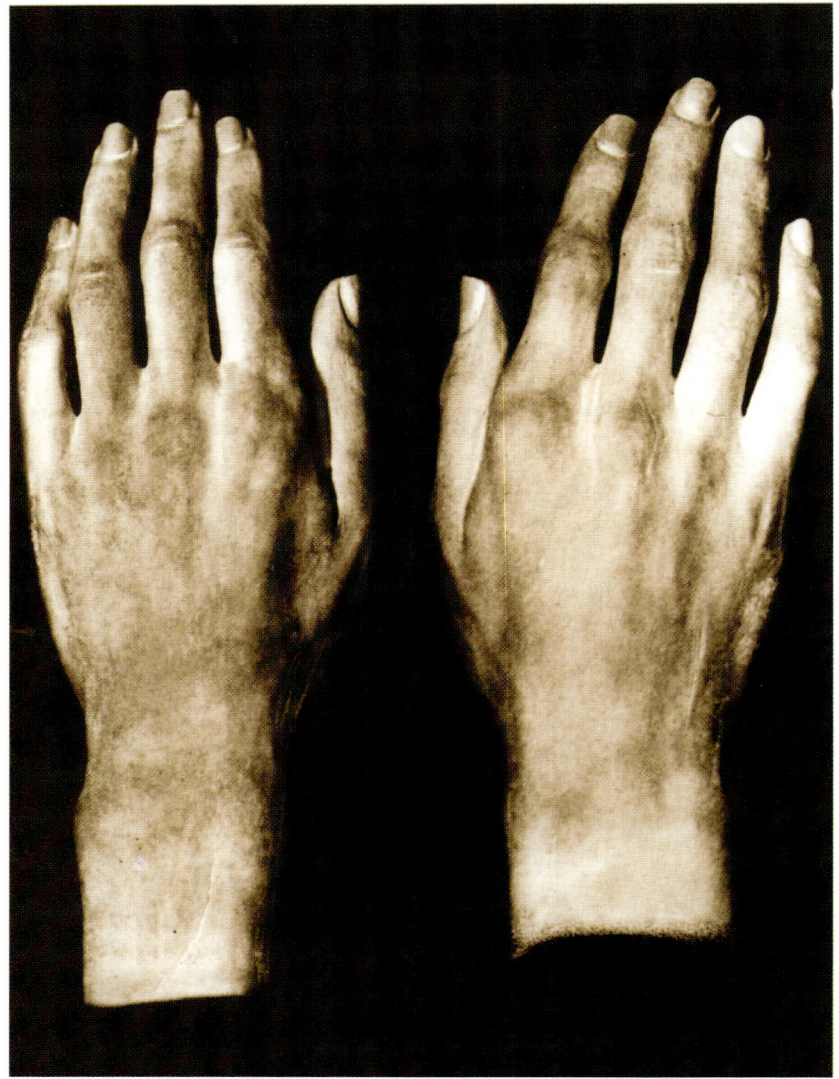

Modelos de yeso de las manos de Beethoven.

Nuevo estilo musical

Volviendo a mi interés por continuar mis accidentados estudios, busqué nuevos profesores: de contrapunto, el notable maestro Johann Georg Albrechtsberger, eminente compositor y organista, que se desempeñó como *Kapellmeister* de la Catedral de San Esteban, con quien tuve que trabajar duro debido a los rigurosos ejercicios que me imponía; de escritura vocal, el italiano Antonio Salieri, famoso compositor de óperas, que llegó a presidir la Sociedad de los Músicos y también fue *Kapellmeister* de la Corte, me dio sabios consejos sobre la manera de componer obras para la voz humana. Y tantos otros. Pero con ninguno me encontré a gusto; no quería ser un simple continuador de lo que hasta ahora habían hecho mis predecesores. Al fin y al cabo tenía una manera propia de expresarme y ese nuevo estilo estaba comenzando a imponerse. Fue una moda que no tardaría en hacer eco en muchos de los compositores contemporáneos. Sentía gran satisfacción cuando comprobé que no estaba equivocado al intentar darle a la música un sentido diferente, más humano, sincero y comprensible, más universal, producto del drama que fue en general toda mi vida. El haberme atrevido a hacer estas confesiones íntimas a través de la música, les abrió el camino a tantos otros, que también habían sufrido o iban a sufrir y no habían encontrado la forma de exteriorizar sus sentimientos.

Ahora me doy cuenta de que Haydn estaba en lo cierto cuando en alguna ocasión discutíamos sobre mis alocadas y raras ideas y me decía que éstas brotaban tan atropelladamente que yo mismo no me daba cuenta de lo que estaba sucediendo. Le parecía que yo era muy extraño y sombrío y que lo que hacía no tenía nada que ver con lo de mis contemporáneos y que tampoco guardaba ninguna relación con lo de mis antecesores. Seguro, se estaba refiriendo a él. Le preocupaban sobremanera los problemas que yo iba a tener en el futuro, porque, según su opinión, daba la impresión de que tenía varias cabezas y muchos corazones.

Había comenzado a darle una dinámica diferente a mis creaciones. No sabía por qué lo hacía, pero así lo sentía; notas graves, seguidas de otras muy suaves, para luego volver de repente al ímpetu inicial. No como se hacía antes: de lo suave se llegaba a lo fuerte, pero lentamente, paso a paso. Por este motivo, tuve muchos problemas con los pianos. Con frecuencia tenía que reemplazar las cuerdas reventadas y los martillos rotos por la fuerza con que pulsaba las teclas. Yo quería y necesitaba pianos más grandes, más fuertes, que resistieran la energía que surgía de mi interior a través de la potencia de mis dedos.

Para unos, mi música era terrible; a otros les parecía muy buena. Y no faltaban quienes la calificaban de francamente repelente. De lo que no quedaba duda era de que a la mayoría esos cambios tan bruscos en determinados pasajes los sobresaltaba, ¡pero les gustaba! Toda esta controversia me motivaba a continuar innovando lo que hasta entonces se conocía y cada día me convencía más de que iba por el camino correcto.

Aristocracia, música y amores

Mi protector, el conde Waldstein, me había introducido en la aristocracia vienesa. Muy pronto empecé a gozar del privilegio de entrar y salir a mi antojo de sus elegantes casas. El círculo de mis amigos lo constituían príncipes, archiduques y nobles, que se deleitaban con el nuevo estilo de mis composiciones y pagaban ricos honorarios. Me había ganado su aprecio y admiración como virtuoso del piano y compositor de música de cámara y las más bellas mujeres me rodeaban y se rendían apasionadas..., pero sólo ante mi genio.

Sin embargo, mi incorregible soberbia y vanidad no tardaron en verse castigadas. En 1794, en alguna de esas veladas, conocí a una célebre cantante de la corte del Elector de Colonia, llamada Magdalena Willmann. Me enamoré locamente y sin pensarlo le ofrecí mi mano, pero ella rehusó cualquier relación conmigo porque no le agradaba en absoluto, agregando que yo le parecía "demasiado feo y medio loco". Y razones no le faltaban. Fue el primer eslabón de esa cadena de pasiones y desengaños que tendría que arrastrar la mayor parte de mi vida. Los amores de la adolescencia, como el que había sentido por *Lorchen*, habían dejado una honda pero dulce huella. Este fallido intento de boda me produjo una gran depresión y el dolor de mi corazón por tan rudo golpe quedó plasmado en una sonata para piano que era la única manera que tenía para desahogarme.

En muchas ocasiones, al salir a la calle después de alguna de esas magníficas, pero a veces tan artificiales fiestas, podía disfrutar de los entretenimientos que organizaban acróbatas, juglares y toda clase de músicos para mostrar sus habilidades a la gente común, al pueblo, que formaba corrillos a su alrededor y los aplaudían con verdadero entusiasmo. Ni los unos ni los otros tenían interés distinto al de gozar de un rato de esparcimiento, sin importarles lo que sucedía en la cima de la sociedad. Esto era una verdadera lección para mí, que me había dejado deslumbrar por ese dorado ambiente, sin tener en cuenta que a pesar de mi privilegiado talento musical, mi poca educación y mi escasa cultura general, sumadas a cierta desconfianza que sentía por los que me rodeaban, me hacían cometer faltas, a veces graves, o actuar imprudentemente en esos ambientes que no estaba acostumbrado a frecuentar.

Pero con el correr del tiempo fui aprendiendo a manejar esas situaciones. En primer lugar, yo era el que necesitaba presentar mis trabajos y dónde mejor que en esos lugares a los que asistían tantas personas influyentes. En segundo lugar, no podía despreciar las oportunidades que me ofrecían mis generosos anfitriones y trabajaba arduamente para poder tener obras nuevas. Un día era un trío para piano, otro un quinteto de cuerdas, que combinaba con una sonata para piano o con algunas arias. Los minués les gustaban mucho, lo mismo que las canciones. También realicé variaciones para piano de obras de otros compositores, como las que hice sobre un tema de *Ricardo Corazón de León*, pieza muy popular del belga André Grétry, o las dos series sobre temas de *La molinara*, del italiano Giovanni Paisiello. La nostalgia por mi patria me inspiró, por ejemplo, un grupo de *Doce danzas alemanas*. Todas estas interpretaciones, impregnadas de mis más nobles sentimientos y puros afectos, dejaban en muchas ocasiones estupefactos a mis oyentes o les producían tal emoción que prorrumpían en llanto; al ver su reacción yo me reía y les decía: *¡No son lágrimas lo que ansían provocar los artistas, sino aplausos...!*

Vertiginoso ascenso

No había duda. Había logrado conquistar al público vienés a pesar de que la crítica en un principio formuló sus reservas por considerar que el estilo de mi música era poco convencional. Pero ésta en breve tiempo acabó por imponerse. El estreno del *Primer concierto para piano*, fue todo un acontecimiento. Este vertiginoso ascenso en mi carrera hizo que mi nombre empezara a ser conocido fuera de Viena. Como *ya tenía veinticinco años y era preciso que se revelara de una vez y por entero el hombre* emprendí un viaje artístico: primero fui a Nuremberg, regresé a Viena y volví a partir esta vez, para Praga. Luego, en 1796, visité otras ciudades de Alemania: Leipzig, Dresde, Hamburgo, Colonia y, finalmente, Berlín, en donde ofrecí un concierto ante Friedrich Wilhelm II, quien, como muestra de admiración, me obsequió una tabaquera muy valiosa, llena de "luises de oro". Por su parte el público, *tan educado y refinado, se acercaba a mí con paso tambaleante y pañuelos húmedos por la emoción, pero siendo como era, un vulgar optimista, me dejó por completo indiferente...*

Después de esa gira compuse entre otras, la escena *¡Ah! ¡Pérfido!* muy bien recibida por la crítica. Fue esta una etapa muy fructífera en mi carrera. La fortuna me sonreía profesional y económicamente. Hermosas jóvenes de la nobleza me buscaban para que fuera su maestro, pero esta tranquilidad había de durar muy poco, pues no bien mis hermanos se enteraron de mi bonanza, resolvieron trasladarse a Viena para vivir bajo mi sombra, y ahí empezaron de nuevo una serie de sinsabores familiares, que fueron una constante hasta el final de mi vida.

Verdad de un presagio

Como si esto no fuera suficiente, sobrevino lo peor: los trastornos auditivos que había considerado algo pasajero se agudizaron de manera alarmante. Al fin me di cuenta de que me había estado engañando al pensar que sólo se trataba de consecuencias de los resfriados, frecuentes durante el invierno, que en Viena es especialmente crudo e inclemente por los helados vientos que llegan de la vecina Rusia. Esta vez resonaron en mis oídos violentos campanazos de alarma. Tocaba el piano y muchas veces no oía algunas de las notas de mis propias composiciones. Ni siquiera había llegado a los treinta años. Imposible imaginar qué sería de mi vida si esto era irreversible, si no se detenía, pero, a la vez, era consciente de que aunque no pudiera oír sí podía continuar creando nuevas obras, mediante un gran esfuerzo de concentración, plasmando en el papel las imágenes auditivas que se gestaban en mi mente y en mi corazón. Para esto, me bastaban mis ojos y mi mano. Mientras ellos no me fallaran podía seguir trabajando, sin dejarme llevar por la desesperación.

> ¡Hablad más fuerte, gritad, estoy sordo!
> —Beethoven

Era relativamente fácil hacerme todas estas reflexiones, pero convencido de que era el principio del fin, al aumentar la dificultad para comunicarme, empecé a sentirme el ser más desgraciado. Ya no pude volver a dominar mi carácter, arisco e independiente, y me volví solitario, hosco, retraído y cada vez más y más incómodo en sociedad. Ahora sí me convertí en un verdadero misántropo, al replegarme en mí mismo, tratando de ocultar mi tragedia. Cuatro años más tarde estaba casi completamente sordo. Es probable que si no hubiera padecido de esta dolencia nunca hubiera tenido el valor de abandonar los fáciles triunfos de concertista, y, por tanto, no hubiera tenido el tiempo suficiente para dedicarme a la composición, que era lo que verdaderamente anhelaba.

Ecos del mundo

En el año de 1798 mi vida se partió en dos en muchos aspectos, comenzando por los un poco más de veintiocho años que había vivido y sufrido y por los otros poco más de veintiocho que me quedaban, algo que, por supuesto, no podía saber. A partir de entonces, comenzó una etapa decisiva en cuanto al desarrollo de mi actividad musical. La mitad de ésta transcurrió en el último tercio del siglo XVIII, el "Siglo de las Luces", por las ideas de Voltaire y de Jean Jacques Rousseau, en Francia, y de Isaac Newton, John Locke y David Hume, en Gran Bretaña, que produjeron tanta inquietud en las altas esferas. Y la otra mitad en el primero del XIX. Viví pues, "a caballo entre dos siglos", una época en que se produjeron cambios trascendentales en la historia social y económica de Occidente.

Ya no había duda, lo de mis oídos era muy grave. Esto me hizo pensar en lo mucho que había dejado de oír durante las reuniones a las que asistía. Desde los ya lejanos días en que frecuentaba la casa de los Von Breuning no había vuelto a interesarme por lo que sucedía a mi alrededor. No participaba en las conversaciones en las que se trataban temas políticos, ni en las que se comentaban acontecimientos importantes que estaban ocurriendo en otros lugares del mundo, que de alguna manera afectaban la vida aparentemente tranquila de Viena. Nada de eso me parecía importante a causa, me imagino, de mi deficiente cultura general. Aunque algo tarde, vi llegada la hora de volver a preocuparme por asuntos diferentes a la música, que lo era todo para mí, así no lo fuera para la mayoría. Era indiscutible que no podía continuar en esa ignorancia si quería seguir siendo tenido en cuenta en los círculos sociales en que mi vida se desarrollaba. Como estaba decidido a aprovechar al máximo los conocimientos de los demás, empecé a poner atención a todos los temas que se debatían, pues a menudo tenía que permanecer en silencio al no tener nada que aportar en estas discusiones. Algo sabía de algunas cosas, pero otras las desconocía por completo. Era "una época de grandes ideales universales, de apasionadas declaraciones de principios, de confusas hermandades revolucionarias".

Napoleón Bonaparte

Es en medio de toda esta cantidad de sucesos cuando aparece en escena un joven corso que había nacido en 1769 —un año antes que yo— lo que quiere decir que, mientras yo libraba las batallas personales por ser independiente y poder liberarme de las cargas familiares, este hombre, a quien llegué a admirar y luego a odiar, libraba batallas no propiamente para liberar al pueblo de la opresión de los poderosos, sino para tratar de conquistar el mundo. De ahí que sus superiores se vieran en la necesidad de trasladarlo con frecuencia para impedir su cada vez más notoria influencia sobre las tropas. Seguro se creía un Alejandro o un Carlos v. De estas ambiciones desmedidas y de su forma de actuar no tuve conocimiento sino unos años después. Mientras tanto, Bonaparte era mi héroe por su atrayente personalidad y por las noticias que llegaban sobre sus grandes hazañas.

El nuevo siglo comenzó con una coalición europea contra Francia en un intento por hacer frente al creciente ascenso de Bonaparte. Las noticias sobre sus triunfos también acrecentaban mi admiración por el que yo consideraba un verdadero héroe, sin saber nada de sus desmedidas ambiciones personales. No obstante, su autocoronación como emperador Napoleón i me quitó la venda de los ojos cuando me enteré de ello, gracias a Ferdinand Ries mi amigo y alumno; sin vacilar y lleno de ira, borré de la primera página de la *Tercera sinfonía*, que había compuesto en su honor, el nombre de Bonaparte. Mi reacción quedó, por lo menos ante mí, perfectamente justificada cuando llegó con sus tropas a ocupar a Viena en 1805 y no se le ocurrió nada mejor que instalar su residencia y cuartel general en el Palacio de Schönbrunn.

El año de 1812 marcó el final de la gloria de Napoleón. En la Península Ibérica tropas españolas e inglesas, comandadas por el duque de Wellington, hostigaron sin tregua a los ejércitos franceses hasta vencerlos en Vitoria. El triunfo obtenido en esta batalla y en otras en el territorio español le valieron al comandante los títulos nobiliarios de vizconde de Wellington y de duque del Duero. En su honor compuse al año siguiente una sinfonía que llamé, *A la victoria de Wellington,* para que no quedara duda de mi reconocimiento a su hazaña. ¡Si yo hubiera sabido tanto de estrategia militar como de música, cómo hubiera disfrutado dándole un buen susto al endiosado emperador! Cuando me enteré de la muerte de Napoleón, en 1821, lo único que pude exclamar fue: *Hace diez y siete años que compuse su oración fúnebre.*

Después de las estruendosas derrotas de Napoleón, las potencias europeas que habían luchado contra sus ejércitos, acordaron reunir el Congreso de Viena, que inició actividades en octubre de 1814 y las concluyó en junio de 1815. La ciudad se llenó de diplomáticos y oficiales extranjeros que en el día paseaban en los coches que recorren las estrechas y quebradas callejuelas de la ciudad interior alrededor la catedral de San Esteban, o iban a las afueras, a ese maravilloso parque de diversiones que es el Prater o a los bosques a orillas del Danubio. Y cada noche se divertían en los grandes salones donde resonaba la música de baile. La ambición de unos, el resentimiento de otros, las intrigas siempre presentes en las altas esferas estaban a la orden del día. El duque de Wellington, después de su paso por Viena, derrotó a Napoleón en la célebre batalla de Waterloo, en junio de 1815. Un mes después fue declarado prisionero y enviado a la isla de Santa Elena, en donde permaneció hasta su muerte en 1821.

Solo, con la naturaleza

En Viena, la ciudad que me acogió más de la mitad de mi vida, había adquirido la costumbre de hacer largas excursiones por parajes poco frecuentados huyendo de la gente para evitar que se me notase la sordera, cada vez mayor. Uno de los lugares predilectos era el bosque de Helenenthal, pero también de vez en cuando ascendía, no sin cierta dificultad, al monte Kahlenberg. Muchas veces, ante la grandiosidad de la naturaleza, exclamaba frases que eran, más bien, plegarias, diciendo: *Dios Todopoderoso, soy feliz en el bosque donde cada árbol habla por ti. ¡Oh Dios, qué majestad en el profundo bosque! Cada árbol parece decirme ¡Santo, Santo, Santo!*

En algunas ocasiones, durante la primavera y el verano, y aún en el otoño, me gustaba pasear por los jardines del Palacio Imperial, en el centro de la ciudad, o subía hasta el Belvedere, la bella residencia de verano del príncipe Eugen de Saboya, que con sus magníficas fuentes y sus terrazas se yergue majestuosa sobre un montículo que domina toda la ciudad, con la aguja de la catedral de San Esteban apuntando al cielo. Recorrer sus jardines y sus senderos llenos de flores o sentarme bajo la fronda de sus árboles, cada vez más sumido en la amarga soledad de mi silencio, eran un remanso para mi acongojado espíritu y una fuente de inspiración. También a veces buscaba el retiro del Palacio de Schönbrunn y bajo sus frondosos tilos caminaba contemplando los paisajes de los alrededores y, sin poder oír lo que sucedía, se me agolpaban en la cabeza melodías con una fuerza ensordecedora.

Escribir, siempre escribir

Como nunca me faltaban en una mano el papel de música y en la otra un lápiz, cuando alcanzaba a oír el ruido del agua, de sus fuentes, el canto de un pájaro o simplemente "escuchaba" algo en mi interior, me detenía, alzaba los ojos al cielo como para fijar en mi mente aquellos sonidos y luego, apresuradamente, los escribía como temiendo que esa chispa de inspiración no pudiera ser conocida y disfrutada por otros. Cuando regresaba a casa me servía un vaso de cerveza, encendía mi pipa y durante un largo rato fumaba con los ojos cerrados repasando en mi cabeza los sonidos que había "oído" y a partir de ahí revisaba y completaba con el mayor entusiasmo todo aquello.

Tenía la costumbre de hacer muchos borradores, bocetos, fragmentos, que al llegar a mi casa intentaba ordenar; era una labor verdaderamente imposible, pues nunca tuve la habilidad ni la paciencia para hacerlo.

> Un austriaco, Joseph Hardmuth, hacia mediados de 1790 mezcló arcilla con polvo de grafito, formó unas minas y las coció. Luego las sumergió en un baño de cera para que el grafito no dejara rastro en el papel. Esto mismo son nuestros lápices actuales. Muy posiblemente esos son los lápices de los que Beethoven habla.

Todo a mi alrededor siempre fue un verdadero caos; hacia donde mirara había papeles esparcidos, prendas de vestir, platos con comida; las páginas de las partituras se confundían unas con otras en medio de semejante desastre.

Recuerdos, nostalgia y gratitud

Las obras que había escrito hasta estos primeros años en Viena eran en su mayoría alegres, reflejaban mi optimismo, o si eran tristes, porque mientras las estaba componiendo me embargaban recuerdos de situaciones vividas, ya esa tristeza era serena, tranquila. Pero con el pasar de los días mi carácter fue perdiendo viveza y alegría. Fue durante esa etapa cuando compuse el *Segundo concierto para piano* y las primeras sonatas para violín. La forma sonata se había ido convirtiendo en la expresión de mi vida interior porque en ella podía mostrar mi constante lucha con el destino. De esa época es la *Gran sonata patética*, dedicada con especial afecto al príncipe Karl Lichnowsky. Lo había conocido desde el mismo momento en que llegué a instalarme en Viena, pues él, sin conocerme, había ofrecido una habitación para mí en su palacio y allí estaba esperándome esa fría noche de noviembre en que llegué a tocar a su puerta. Desde entonces comencé a recibir pruebas de su inagotable bondad. No sólo me hospedó sino que me asignó una pensión anual de seiscientos florines, sin otra obligación que amenizar sus recepciones semanales. Muchas de mis obras se oyeron por primera vez en aquellas veladas y, como si esto fuera poco, allí me disculpaban con benevolencia las múltiples y diarias rarezas de mi carácter. Fue hasta su muerte uno de mis más fieles protectores. Como señal de gratitud, también le había dedicado en 1794 tres tríos para piano, otra de las sonatas para piano y la *Segunda sinfonía*.

Recuerdo los nombres de otros de mis incondicionales protectores, con quienes, a pesar de ser ricos y aristócratas, pude establecer una relación de amistad en un plano de igualdad. Siempre me pregunté cómo siendo yo alguien tan difícil, lograba inspirar admiración, lealtad, incluso amor, en todos aquellos con quienes me relacionaba. Ahora siento que por mi temperamento y esa independencia huraña que me acompañó toda la vida nunca les manifesté como correspondía mis sentimientos y el intenso afecto que les profesaba. Con algunos en ocasiones hubo roces y distanciamientos, pero, por suerte, siempre después de la tormenta volvía la calma, como sucedió con el propio Lichnowsky. El barón Nikolaus Zmeskall von Domanovecz, a quien conocí hacia 1795, fue un amigo incondicional que me ayudó mucho en cuestiones de la vida diaria, no siempre agradables, tales como la búsqueda de criados o el pago de deudas, y uno de mis confidentes a través de la correspondencia que mantuvimos durante toda la vida. El príncipe Nikolaus Esterházy, aficionado a la música y muy rico, fue otro de mis benefactores. Haydn me lo presentó, en un gesto de amabilidad que no tuve la delicadeza de tener en cuenta ni agradecer.

Cruel destino

Los oídos me zumbaban de día y de noche. Escuchaba sonidos, es cierto, pero no entendía las palabras. Sufría lo indecible y creí volverme loco; decidí aislarme, apartarme de toda compañía, para evitar por todos los medios que se descubriera mi secreto. Un secreto que corría de boca en boca. ¡Qué había hecho yo, Dios mío, para merecer este castigo! ¡Cómo puede alguien imaginar un pintor ciego! ¡Un músico sordo! Era un tormento de tal magnitud que no podía pensar en nada más. Pero también sabía que debía sobreponerme, que no era el fin. *Mi vida tenía que seguir, abandonando todo lo que amaba y en un mundo tan miserable y triste.* Al mismo

79

tiempo, entendía que debía sacar fuerzas de donde no tenía, *tratando de sobreponerme, con resignación y en ella encontrar refugio* para no doblegarme ante mi cruel destino. *¡Pero qué refugio tan triste el de la resignación!* Y sin embargo no me quedaba otro.

Estaba desesperado. Tenía que compartir mi angustia con alguien que pudiera entenderme. Quién mejor que mi gran amigo, el doctor Wegeler. Le escribí diciéndole que no me creía capaz de seguir *arrastrando una vida tan desdichada andando siempre solo porque no me era posible hablar con la gente, como los demás, a causa de un ruido permanente en mis oídos que no cesaba desde hacía dos años*, al punto de que me había visto obligado a *rehuir toda amistad porque no me era posible gritarles a todos, que estaba sordo. En cualquier otro oficio hubiera sido llevadera esta desgracia, pero en el mío la situación era terrible.* Hasta me preocupaba pensar *¡qué dirían mis innumerables enemigos si llegaban a enterarse de mi situación!* Como me decían que seguro este problema era consecuencia *de mis intestinos que me habían causado, como él bien sabía, tantos problemas en el pasado* le contaba que *había acudido al doctor Werig quien me había ordenado tomar unos baños calientes en las aguas del Danubio, añadiendo al riguroso régimen a que me había sometido, unas botellas de tónico y unas píldoras para el estómago además de unos lavados para los oídos.*

El resultado fue que ciertamente me sentí más fuerte y que mi salud mejoró, a excepción de mis oídos que no me dejaban de doler ni de día ni de noche.

Con el comienzo del nuevo siglo empecé a reflexionar acerca de mi futuro, cómo debía enfrentar mi condición de sordo si quería cumplir la misión para la cual había venido a este mundo. De tal manera que con un esfuerzo sobrehumano me dediqué a trabajar con renovado entusiasmo y compuse la *Primera sinfonía* para gran orquesta, una obra vibrante y bella, como mis recuerdos de los días juveniles. Fue estrenada en abril de 1800 y se la dediqué al barón Gottfried van Swieten, un diplomático amigo de Haydn y de Mozart. Fue bien recibida por el público por lo cual, al año siguiente la publicó *Hoffmeister* de Viena. También son de este año los primeros seis cuartetos de cuerda, el *Tercer concierto para piano*, otras sonatas para piano, una para trompa, otra para violín, y algunas piezas populares.

De ahí en adelante, mi sufrimiento se vio reflejado en mi propia música. Las obras que escribí en esos primeros años de dolor reflejan el sentimiento de mi atormentado espíritu. Esta vez quise compartir con otro amigo mío, Karl Amenda, mis pensamientos. Le decía que estaba *viviendo en la mayor infelicidad respecto de la naturaleza y de mi Creador; varias veces lo había maldecido por exponer a sus criaturas a los más fútiles accidentes permitiendo que las más bellas flores fueran frecuentemente destruidas y pisoteadas por el hombre.* Tenía que hacerle saber *que la más noble parte de mi ser, mi oído, había declinado grandemente* después de la última vez que habíamos estado juntos, cuando apenas había sentido *algunos atisbos de este mal*, pero yo había preferido no hablar de ello. Ahora, *este pesar había crecido convirtiéndose en algo peor e irremisible* y no podía saber *si resultaría curable o no; era algo que quedaba a la expectativa,* pues decían *que lo que me estaba ocurriendo se debía a la condición de mis intestinos, pero a este respecto ya estaba casi totalmente curado.* Aunque siendo *muy sincero, estos males cada vez eran más persistentes y* nunca sabía cuándo iban a volver a aparecer. No quería ni pensar en *¡qué triste habría de ser mi vida a partir* de ese momento, *privado de todo lo que amaba y valoraba y rodeado por esa gente miserable y egoísta! Aún confiaba firmemente en que el sentido del oído había de mejorar. ¡Qué feliz hubiera sido solamente con que mi capacidad acústica no hubiera continuado disminuyendo!*

Ilusiones perdidas

Había terminado la composición de una sonata para violín durante la primavera de 1801, cuando, comenzando el verano, conocí a la hermosa condesa italiana Giulietta Guicciardi, graciosa y adorable, catorce años menor que yo. Al verla, quedé deslumbrado y sentí el más ferviente deseo de hacerla mi compañera creyendo que por fin había llegado el verdadero amor. No hubiera podido ser más oportuno, dada la tristeza que me embargaba por mi problema auditivo. Volví a tener sueños e ilusiones y pasé a su lado *mis primeras horas felices después de dos años.* Con ardoroso delirio compuse una obra para piano a la que llamé *"Sonata quasi una fantasía",* como tratando de expresar mi temor de que ella sólo fuera una ilusión, producto de mi imaginación.

Esta vehemente pasión llegó a su apogeo en la primavera de 1802; pero, como ella era coqueta y voluble, aceptó sin vacilar la propuesta de matrimonio del conde Von Gallenberg, con quien se casó al año siguiente. Ese fue un amor que recordé toda mi vida a pesar de tener la certeza de que ella sólo había fingido amarme, que me despreció y no supo corresponder a mi sincero afecto. Encontré un poco de consuelo en una mujer encantadora, la condesa Von Erdödy quien, conmovida ante el desconsuelo en que me hallaba, me invitaba a su casa y con gran delicadeza y afecto me permitía improvisar mis melodías.

En medio de mis turbulentos amores, entre 1801 y 1802, compuse la *Segunda sinfonía*, en la que hice todo lo que estuvo a mi alcance para que no se traslucieran las angustiosas circunstancias de soledad y abandono por las que estaba atravesando, sumadas al terrible dolor por mi sordera. Pero parece que no logré disimular todo esto, pues en el *Zeitung für die Elegante Welt* de la ciudad, publicaron una crítica implacable sobre esta obra, en la que decían:

> La *Segunda sinfonía* de Beethoven es un complejo monstruo,
> un horrible dragón herido retorciéndose, que se niega a expirar, y
> que aunque se desangra en el *finale*, sigue revolviéndose y dando
> furiosos coletazos a uno y otro lado...

Ni yo mismo hubiera podido expresar mejor con palabras lo que sentía. Lo hice, pero a través de mi música, que siempre fue la manera de exteriorizar mis sentimientos. Aún no me reponía del dolor que me había causado el rechazo de

Giulietta; me encontraba sumido en el colmo de la desesperación y varias veces pensé en el suicidio, pero no tuve el valor
de llevarlo a cabo, aunque sí me convertí en un hombre todavía más hosco e insufrible.

Lejos del mundo

Eran tantas mis desdichas que en el verano de 1802 resolví
trasladarme a Heiligenstadt, un pequeño pueblo cerca de Viena, famoso por sus viñedos, buscando aislamiento y consuelo. Pero este consuelo se convirtió en la más terrible certidum-
bre, al comprobar que no sólo ya no podía escuchar los sonidos
de la naturaleza, sino que las campanas que repicaban en una
cercana iglesia del lugar en donde me alojaba no existían para
mí. Ya no había duda, esta desgracia se había apoderado de mí
para nunca más abandonarme.

A medida que la dolencia del oído se agudizaba —sólo
percibía los tonos graves— mi capacidad creadora aumentaba.
No podía oír lo que tocaba en el piano: yo estaba casi sordo y
él era casi mudo. De manera que si quería componer, contra
mi voluntad debía valerme siempre del papel pautado y repetir-
las una y otra vez en mi cabeza para poder encontrar la melodía. Estaba tan afligido, tan desmoralizado ante mis postreras
esperanzas de curación que el elevado valor que me sostenía
se había desvanecido, hasta prácticamente desaparecer.

Un día decidí consignar mis más íntimos sentimientos en
un documento que terminé de escribir el 6 de octubre de 1802.
En realidad, después entendí, lo que escribí fue mi testamen-

to. La intención era entregarlo a mis dos hermanos, mi única familia, pero al cabo de unos días lo guardé cuidadosamente, con la certeza de que no merecían ser los depositarios de esta confesión; no confiaba en su discreción y, mucho menos, en su criterio, seguro como estaba de que no tenían la suficiente capacidad de entender lo que sucedía en mi atribulado espíritu. Pasaron los años y con los años esa tremenda angustia.

En la parte externa de esas páginas anoté: *Para ser leído y ejecutado después de mi muerte.* En cuanto al espacio que dejé en blanco luego del nombre de Karl, es obvio que ahí debería figurar el de Johann, pues nunca tuve conocimiento de la existencia de ningún otro

El texto manuscrito de 1802, conocido como Testamento de Heiligenstadt, que se conserva en la Universidad de Hamburgo, ha estado rodeado de misterios y de dudas. Beethoven lo escribió al final de una estancia de varios meses en el pequeño pueblo de ese nombre, cerca de Viena, un período de dolor, soledad y profundas reflexiones. Es una especie de confesión espiritual en la que hace un balance de lo que había sido su vida hasta este momento, vislumbrando los años venideros pero, presintiendo la proximidad de la muerte. Aunque está dirigido a sus hermanos, sus destinatarios últimos son todos los miembros del género humano. Su existencia sólo se conoció después de la muerte del compositor, a los veinticinco años de haber sido escrito, con lo cual se cumplió su voluntad.

hijo de mi padre. Lo omití porque algo me debía estar mortificando con respecto a él y no deseaba ni mencionar su nombre. El texto es el siguiente:

A mis hermanos Karl y   Beethoven

¡Oh vosotros, los hombres que me tenéis por hostil, testarudo y misántropo, qué injustamente me tratáis! No conocéis el oculto motivo de lo que así os parece; mi corazón y mi espíritu se inclinaban desde mi infancia a la benevolencia, siempre estuve dispuesto a emprender grandes obras, mas pensad, por un momento, que desde hace seis años una desgracia ha caído sobre mí, empeorada por el cuidado de médicos incompetentes; con la esperanza siempre viva de poder mejorar, luego defraudado, y finalmente obligado a mirar con resignación el triste destino de una enfermedad crónica (cuya curación puede durar años o ser imposible). Nacido con un temperamento apasionado y deseoso de trato social, pronto me he tenido que apartar de todo y disponerme a vivir solitario. Si alguna vez he querido sobreponerme a mi desgracia, qué triste ha sido el resultado al sentirme rechazado a causa de mi sordera; y es que aún me resulta imposible decir a la gente: "Hablad más fuerte, gritad, yo soy sordo". Cómo puedo confesar la falta de un sentido que en mí debía ser mucho más agudo que en las demás personas; sentido que había poseído con tal agudeza como pocos de mi oficio han tenido ni tendrán jamás; no puedo hacerlo, perdonadme, pues, si veis que me retiro, cuando mi deseo sería mezclarme con vosotros. Mi desgracia me duele doblemente cuando me veo precisado a darla a conocer. Me está vedado recrear en el trato con mis semejantes en delicadas conversaciones y diálogos instructivos. Sólo ante el apremio de una urgente necesidad me decido a frecuentar la sociedad; debo vivir como un desterrado, y cuando esta perentoria necesidad se presenta, me asalta un ardiente pánico de dejar traslucir mi estado. Todo esto me sucedió el último año que pasé en el campo; mi médico siempre prudente, me rogaba que conservara mi oído lo más posible, pero arrastrado a veces por mi ansia de trato social, me relacionaba alguna vez con otras gentes, pero qué desesperanza cuando alguien a mi lado oía una flauta lejana y yo no la oía; o escuchaban el canto de los pastores sin yo poderlo escuchar.

Estos hechos me llevaron a la más completa desesperación, faltando poco para que me quitara la vida. Mi arte me lo impidió, ya que no podía pensar en abandonar este mundo hasta que hubiera brotado todo lo que bullía en mi espíritu. Y por ello seguí arrastrando esta miserable vida, realmente miserable; un cuerpo tan sensible que un pequeño cambio puede convertir un estado inmejorable en otro tan desdichado. La paciencia ha de ser mi guía y compañera; espero que esta decisión se mantenga firme hasta que la parca siegue el hilo de mi vida; puedo o no puedo mejorar, estoy resignado; las circunstancias me obligan a convertirme en filósofo a mis veintiocho años, y no es fácil; más difícil para un artista que para cualquier otro. ¡Oh Dios, Tú contemplas mi interior, Tú lo conoces y sabes que el amor a la humanidad y la inclinación a la benevolencia moran en él!

¡Oh hombres, si alguna vez leéis estas líneas veréis que me juzgáis injustamente; el desgraciado se consuela al saber que otro hombre con su misma desgracia ha conseguido, a pesar de los obstáculos de su naturaleza, hacer cuanto estaba a su alcance para poder alinearse en las filas de los artistas y hombres acreedores a la fama!

A vosotros mis hermanos, Karl y   , os ruego que después de mi muerte le pidáis en mi nombre al profesor Schmidt, si aún vive, que describa mi enfermedad, y adjuntéis esta carta a la historia de mi dolencia, para que al menos después de mi muerte la humanidad se reconcilie conmigo. Al propio tiempo os nombro a los dos herederos de mi propio capital (si así puede calificarse); repartidlo con justicia, lleváos bien y soportáos y ayudáos el uno al otro; si en algo me habéis ofendido, hace tiempo que está perdonado; a ti, Karl, quiero agradeceros muy especialmente la adhesión que me habéis demostrado últimamente. Deseo de todo corazón que la vida os resulte más fácil que a mí; recomendad a vuestros hijos virtud, ya que la propia experiencia me ha demostrado que en ella reside la felicidad y no en el dinero. Ella ha sido la que me ha ayudado a soportar la desgracia; a ella debo, junto con mi arte, no haberme suicidado.

Agradezco las bondades de todos mis amigos, muy especialmente al profesor Schmidt y al príncipe Lichnowsky, cuyos instrumentos deseo conservéis uno de vosotros, sin que ello sea causa de disputa, y si llega el momento de una necesidad, vendédlos, ya que nada me causaría mayor alegría que poder seros de alguna utilidad desde la tumba. Con alegría espero la muerte, mas si llega antes de tener oportunidad de desplegar toda mi capacidad artística, a pesar de mi triste destino encontraré temprana su llegada y la hubiera deseado más tarde, pero también así estaré contento ya que me librará de este sufrimiento sin fin.

¡Ven cuando quieras, te saldré al paso con valor!

Vivid felices y no me olvidéis, creo que me lo he merecido por haber pensado tanto en vosotros durante toda mi vida procurando haceros felices. Así sea.

Heiligenstadt Ludwig van Beethoven

el 6 de octubre

1802

Cuatro días después agregué al final lo siguiente:

Heiligenstadt 10 de octubre de 1802

Por tanto, me despido de vosotros y lo hago con tristeza. Sí, esa remota esperanza que traje conmigo de una posible mejoría, al menos hasta cierto punto, se ha alejado de mí por completo. Como las hojas del otoño caen heridas a la tierra, así la esperanza me ha abandonado definitivamente. Casi como llegué debo marchar; incluso el arrogante coraje que frecuentemente me animaba en los cálidos días del verano se ha alejado de mí. ¡Oh, Providencia, garantizadme al menos un solo día de sincera alegría! ¡Cuándo, oh Dios, cuándo sentiré de nuevo esa alegría en el templo de la naturaleza y de los hombres! ¿Nunca? ¡No, eso sería demasiado duro!

Heroico entusiasmo

Cuando resolví abandonar mi reclusión voluntaria en Heiligenstadt, le comuniqué a Wegeler que no estaba dispuesto a dejar que mi sordera *me doblegara y aplastara por completo* y regresé a Viena a emprender nuevos trabajos uno de los cuales fue el oratorio *Cristo en el Monte de los Olivos*. Aunque los temas religiosos no eran, como en el caso del inmortal Johann Sebastian Bach, fuente importante de mi inspiración, en esos días, con un atrevimiento sin límites, comparaba mi soledad y sufrimiento con los de Cristo antes de ser crucificado y no podía sino repetir una y otra vez, a pesar de que nunca fui muy creyente ni practicante, unas de sus últimas palabras: "¡Oh Padre! ¿Por qué me has abandonado?".

Pero, a pesar de haber hecho tan firmes propósitos de seguir adelante, lo cierto era que aún no había podido superar mis recientes angustias. Por tal motivo, aparte de este oratorio no escribí nada digno de destacar sino hasta 1803 cuando compuse una sonata para violín en honor al gran violinista y compositor francés Rodolphe Kreutzer, uno de mis contemporáneos. Luego, entre el verano y el otoño, esbocé y terminé la *Tercera sinfonía*, dedicada al que yo creía un gran republicano: Bonaparte. Pero cuando Ries, uno de mis más asiduos compañeros, llegó con la noticia de que mi héroe había tenido la insolencia de autonombrarse emperador y con sus propias manos había colocado en su cabeza la corona simbólica, cegado por la cólera, sin dudar ni un minuto, cogí la partitura y con furia borré su nombre de la primera página hasta hacerle un agujero, mientras exclamaba: *¡no es más que un hombre vulgar! ¡Sólo satisfará su ambición y como tantos otros hollará los derechos del hombre para ser un tirano!* Luego la arranqué y en una nueva hoja escribí *Sinfonía Eroica*, con la siguiente dedicatoria: "A su alteza serenísima el príncipe Von Lobkowitz". Él, que era un gran amante de la música, inmediatamente quiso mostrarme su agradecimiento manifestando su deseo de que el estreno fuera en su palacio, en donde solía organizar conciertos privados.

El salón que se escogió resultó muy pequeño para una obra excesivamente larga para la costumbre y con sonidos demasiado fuertes e impetuosos, cada vez más frecuentes y, por lo mismo, muy difíciles de interpretar. La gente pronto comenzó a cansarse, en especial aquellos que no amaban la música y asistían a esos conciertos como a una simple reunión social y no querían que sus conversaciones fueran "interrumpidas". Esos sonidos, que yo tenía en la cabeza, pero no oía en toda su magnitud, los consideraron exagerados. Por todo esto, no fue una sorpresa que la hubieran calificado como una mala sinfonía; las críticas y reacciones negativas me incomodaban, me decepcionaban, pero pronto las olvidaba para no dejarme influenciar y poder continuar buscando identidad propia a esa música que era incomprensible para muchos, pero que para mí tenía un gran significado y mucho valor . Era un buen síntoma de mi recuperación, por lo menos a nivel profesional.

Dos años después, en abril de 1805, me presenté ante una nutrida concurrencia, dirigiendo yo mismo la orquesta en el Theater an der Wien, uno de los más importantes de la ciudad, inaugurado hacía apenas tres o cuatro años, considerado el más bello del imperio y con todos los adelantos necesarios tanto para los artistas como para los espectadores; el público ya había comenzado a convencerse de que la música estaba cambiando. Fue una gran satisfacción comprobar que por fin había logrado establecer una frontera definitiva con el estilo de Haydn y de Mozart, y que la mayoría lo aceptaba. Cuando iba por la calle, muchos se detenían y me saludaban con deferencia y simpatía. En cuanto a mi situación económica, había mejorado considerablemente, vivía en una buena casa, con criados que me atendían y podía disfrutar de una buena comida y de algún exquisito vino.

El palacio Lobkowitz actualmente es un museo y el lugar en donde se estrenó esta sinfonía, se llama "Salón de la Eroica".

Después del estreno de la *Eroica*, en 1804 compuse varias obras importantes, entre ellas una sonata para piano dedicada con especial afecto y gratitud al hombre que no sólo fue mi mecenas durante los últimos años en Bonn, sino quien me dio la oportunidad de ser aceptado en la sociedad vienesa, el inolvidable conde Waldstein. También escribí el *Triple concierto, para piano, violín y violoncelo* en homenaje al archiduque Rudolph de Habsburgo, el menor de los hijos del emperador Leopold II y sobrino del elector de Colonia, quien era la persona más culta y de más alto linaje dentro de mis amistades. Lo había conocido hacía cerca de doce años, en aquella época en que yo gozaba de gran popularidad, y fue no sólo uno de mis aventajados discípulos sino la persona que desde entonces demostró el mayor interés por protegerme.

Más que una amistad

En ese año tan prolífico creí que también la felicidad había vuelto a aparecer, esta vez en la gentil figura de Josephine Brunswick. Ella era hija de un aristócrata húngaro, el conde Anatol Brunswick y de su esposa Anna. Había estudiado piano conmigo, al igual que su hermana Thérèse, durante los años anteriores a su matrimonio. Al recibir la noticia de la muerte repentina de su marido sentí mucha pena por ella y conmovido fui a visitarla para ofrecerle mis condolencias y desinteresado apoyo. Sin embargo, como me atraía desde cuando era mi alumna y yo definitivamente era incorregible, no tardé en pensar que, ahora que era viuda, podría tener la esperanza de conquistar su corazón. Comencé a enamorarme y a escribirle confesándole mis sentimientos, asegurándole que ella era *mi único amor*. Con la ilusión de ser correspondido, le hice una canción que titulé *A la esperanza*. En las cartas que nos escribimos por cerca de tres años siempre aceptó mi amistad, pero no contempló la posibilidad de estrechar su relación conmigo, pues esto le hubiera implicado renunciar a su título nobiliario y a su patrimonio, sin contar que mis hábitos, mi dedicación a la música, aparte de mis problemas de salud, en especial lo de mis oídos, no eran aconsejables para ella ni para mí ni mucho menos para sus cuatro pequeños hijos.

Una vez más, la fatalidad no permitió que un amor tierno y apasionado fructificara y uniera dos almas como las nuestras. El consuelo ante esta nueva negativa fue contar con la amistad de Therèse, a quien de tiempo atrás admiraba por sus altas cualidades morales. Ella fue siempre una de mis mejores amigas. En alguna ocasión me decía que no entendía por qué su hermana no me había aceptado si parecía que habíamos nacido el uno para el otro. La *Appasionata*, una sonata para piano es de esa época, pero no podría afirmar que la única inspiración haya sido Josephine.

Fidelio o el amor conyugal

En noviembre de ese año, después de la *Eroica* y en el mismo Theater an der Wien, se estrenó *Fidelio*, mi única ópera, la que originalmente titulé *Leonore o el amor conyugal*, en la que había trabajado los dos últimos años. Asistió un escaso número de personas, entre las que se encontraban, para mi desgracia, los jefes militares de Napoleón, que habían ocupado a Viena y estaban instalados en el palacio imperial de Schönbrunn. ¡Pero no les gustó! Les pareció un lamentable espectáculo, lo que para mí terminó siendo un elogio. Muchos de mis amigos, que eran defensores de mi obra y quienes estoy seguro hubieran disfrutado la función, habían huido de la ciudad ante el temor de ser blanco de la ira del Emperador. Entre ellos mis constantes mecenas, el príncipe Lichnowsky y el archiduque Rudolph, en cuyo honor y por este motivo compuse una sonata para piano que titulé *Los adioses*.

La fecha no podía haber sido más inoportuna por la situación política nada feliz por la que atravesaba en ese momento la monarquía de los Habsburgo que bajo el título grandioso, aunque algo engañoso, de Sacro Imperio Romano Germánico había concluido en Alemania, y Franz II había pasado a ser el emperador de Austria. El libreto, que yo encontraba fascinante, contaba la historia de Florestán, un prisionero político español del siglo XVI al que Leonore su mujer, disfrazada de ayudante del carcelero, salvaba de morir a manos del tiránico director de la cárcel. Al censor oficial del teatro le pareció inadecuada, por lo cual, después de tres representaciones la ópera fue suspendida. En la primavera del año siguiente, luego de aceptar que era demasiado larga, reduje a dos actos los tres de la versión original y la presenté dos veces más, a las que pudieron asistir mis benefactores y muchos de mis admiradores que habían regresado a la ciudad. Nueve años más tarde le hice una revisión final para su reestreno, con motivo del Congreso de Viena, en el teatro Kärntnertor, donde por fin obtuvo el éxito que yo esperaba.

Honrosos encargos

En 1806 el conde Andrei Rasumovski, embajador ruso ante la corte austriaca, gran virtuoso del violín, me pidió escribir tres cuartetos de cuerda e incluir una melodía folclórica de su país en cada uno de ellos. Fueron estrenados en su palacio, cuyas fiestas, que llegaron a su esplendor durante el Congreso de Viena, rivalizaban con las del propio Emperador. Este fue el comienzo de nuestra larga y entrañable amistad. De este mismo año son el *Cuarto concierto para piano* y el bello y luminoso *Concierto para violín*, el único que hice para este instrumento, escrito para el joven violinista Franz Clement teniendo en cuenta sus particulares cualidades de artista, a quien tenía en gran estima. Unos meses más tarde, a solicitud del compositor y pianista Muzio Clementi, que se encontraba de paso por la ciudad buscando obras novedosas para editar, hice una transcripción para piano conservando las partes orquestales, que fue publicada en Londres en 1810, después de haber aparecido en Viena al tiempo con el original para violín, los cuales dediqué a mis amigos Stephan y Leonore von Breuning. A estas dos obras siguieron la *Cuarta sinfonía* y la obertura *Coriolano*, basada en una tragedia de un poeta vienés y una *Misa en do mayor* por encargo del príncipe Nikolaus Esterházy para festejar el cumpleaños de su esposa, pero la encontró "intolerablemente ridícula y detestable". Posteriormente fue interpretada bajo mi dirección, dedicada al príncipe Kinsky, buen músico y uno de los más ricos mecenas vieneses, quien sería uno de mis dilectos amigos, pero tristemente por muy poco tiempo, pues tres o cuatro años más tarde falleció de manera inesperada al caerse de un caballo.

Triunfos y fracasos

En 1808 compuse las dos siguientes sinfonías, que di a conocer simultáneamente en una velada especial que tuvo lugar el 22 de diciembre de ese mismo año, de nuevo en el Theater an der Wien. Ese concierto tenía para mí un especial significado, pues sabía que eran muy pocas las oportunidades que me quedaban de estar al frente de la orquesta y por eso yo mismo la dirigí. Era como si quisiera despedirme de ese público que me admiraba, de tantos amigos que habían ido a alentarme a seguir adelante a pesar de mi tragedia, y no podía defraudarlos. Escribí para tan importante ocasión una *Fantasía coral* y complementé el programa con unas partes de la misa que había terminado el año anterior, el aria de la escena *¡Ah! ¡Pérfido!*, algunas improvisaciones y un concierto para piano que yo mismo toqué, la verdad, de manera impresionante, a gran velocidad. Sobra decir que el programa resultó excesivamente largo y el frío que hacía en el teatro hizo que lo pareciera aún más.

Por la afirmación del compositor, a la *Quinta sinfonía* se le ha dado el nombre de "Sinfonía del destino". En la historia de la música tiene un significado especial. Por ejemplo, el hecho de haber sido interpretada por los franceses como símbolo de libertad ante la marcha del ejército nazi sobre París durante la Segunda Guerra Mundial es una clara demostración de que Beethoven no era considerado como un alemán, sino como un ciudadano del mundo. Y en época más reciente, se podría decir que ya conquistó el espacio, pues la sinfonía fue escogida para viajar en la nave Voyager, en la cual la música también tenía que estar presente.

La dos sinfonías a que me refiero son la *Quinta* y la *Sexta*. La primera, con toda esa fuerza y potencia sonora y un contenido tan violento, lleno de contrastes de luz y sombra, la compuse creyendo quizás que el tiempo se agotaba, en un intento desesperado de enfrentar mis desventuras. Cuando un músico amigo, Anton Schindler, me interrogó por el significado de ese comienzo tan grave, le respondí: *Así es como el destino llama a nuestra puerta.*

Luego en la *Sexta*, la *Pastoral*, volví a la serenidad y a la delicadeza, inspirado en los apacibles sentimientos que despierta la naturaleza y la contemplación de sus campos, que evoco con gran emoción, con sus incomparables sonidos, el agua del arroyo deslizándose suavemente, el canto de los ruiseñores, de los cuclillos, de las codornices, que imité con la flauta, el clarinete y el oboe.

Generosos benefactores

Después de ese último concierto, que en parte constituyó un fracaso por las severas críticas que circularon, en especial por la extensión, y que terminó siendo para muchos una verdadera pesadilla en esa helada noche invernal, mi decaimiento físico y espiritual comenzaron a acelerarse. A medida que se me agravaba el problema auditivo disminuía el número de las composiciones, lo que comenzó a reflejarse en mi situación económica, por lo que estuve a punto de aceptar una invitación del recién nombrado rey de Westfalia, Jerónimo Bonaparte —nada menos que el hermano de Napoleón—, para ocupar el puesto de *Kapellmeister* de su corte en la ciudad de Kassel, en Alemania. La oferta no era muy tentadora porque significaba abandonar la capital imperial para pasar a una vida sencilla, dejando a un lado a mis generosos amigos y benefactores, pero no estaba en condiciones de rechazarla. Tuve la fortuna de que no bien algunos ellos conocieron mis intenciones me visitaron para informarme que como no querían perderme, habían resuelto firmar un contrato para garantizar mi permanencia en Viena y asignarme un sueldo anual de cuatro mil florines.

El promotor de esta idea, que los comprometía a aportar tan elevada suma, fue mi incondicional patrocinador, el archiduque Rudolph, a quien enseguida se unió el príncipe Kinsky, a pesar de que nuestra amistad era relativamente reciente. Y no podía faltar mi incondicional benefactor, el príncipe Franz Joseph Lobkowitz, aquel a quien después de mi violento disgusto con Bonaparte había dedicado la *Tercera sinfonía*. Dentro de ese singular contrato me garantizaron libertad absoluta para realizar las giras que quisiera fuera de la capital y también me ofrecieron un concierto al año en el mismo lugar en donde había hecho mis últimas presentaciones, el magnífico Theater an der Wien, tan apetecido por los músicos que por esos días estaban en todo su esplendor, mientras el mío se opacaba a pasos gigantescos.

Lejos del escenario

Con esa tranquilidad económica, a partir de 1809 me dediqué a trabajar en el *Quinto concierto para piano*, el último que escribí para este instrumento. El resultado fue una monumental partitura concertante, en la que la extensa introducción orquestal marca el ritmo épico–marcial del primer movimiento, tan cercano al espíritu de la *Sinfonía Eroica*, y la primera y virtuosística intervención del piano solista, con unas exigencias de interpretación apenas para ser ejecutadas por mí, su propio autor, como hubiera sido mi deseo si el estado físico en que me encontraba me lo hubiera permitido. Lo compuse con especial afecto en honor de su alteza imperial el archiduque Rudolph, pero fue el único de los cinco conciertos en que muy a mi pesar no pude intervenir. El estreno tuvo lugar en la Gewandhaus de Leipzig, el 28 de noviembre de 1811, con el gran pianista Friedrich Schneider como solista. Los vieneses no conocieron esta obra sino tres meses después, gracias a la mediación de Karl Czerny uno de mis más fieles discípulos.

Recuerdo ahora con horror, tal vez por haber hecho mención a la *Eroica*, lo que fue aquella noche de mayo de 1809 en que los franceses bombardearon la ciudad. Yo vivía cerca de las murallas y el estrépito de las explosiones me obligó a encerrarme en el sótano de la casa con la cabeza envuelta en unos almohadones porque mis enfermos oídos no soportaban ese ruido infernal. Quizás parte de la fuerza de ese concierto haya tenido que ver con mi rechazo a las actuaciones del Emperador.

El concierto conocido con el nombre de *Emperador* por el material temático y triunfante de su asombrosa partitura, no le debe su título al compositor, pues éste, desde hacía ya varios años no sólo no sentía ninguna admiración por Napoleón sino gran antipatía, más aún si sus tropas habían bombardeado a Viena, precisamente mientras lo estaba escribiendo.

Mujeres y poetas

A Thérèse Malfatti, una joven de vivo temperamento y extraordinaria belleza, la conocí en el verano de 1809. Aunque era sobrina del doctor Giovanni Malfatti, quien había pasado a ser mi médico personal hacía un año a raíz de la muerte del doctor Johann Schmidt, el que nos presentó fue el barón Von Gleinchenstein. Sus grandes ojos negros y rasgados, su piel trigueña y hermosa cabellera me sedujeron de inmediato. Volví a ver la posibilidad de formar un hogar y por fin ser feliz. Ella tenía veintidós años menos que yo, lo cual no fue obstáculo para entregarme de nuevo con vehemencia a un mundo lleno de ilusiones. Yo esperaba casarme pronto y así se lo manifesté a mis amigos más cercanos; a Wegeler le escribí dándole la noticia y solicitándole buscar en los archivos de la iglesia de San Remigio mi partida de bautismo para poder conseguir la licencia de matrimonio. Fue precisamente por este motivo que descubrí mi verdadera edad. A propósito de esto, creo firmemente que nuestra relación se enfrió, a pesar de mis esfuerzos, por la diferencia de edad tan grande entre los dos; para ella, joven y llena de energía, yo estaba demasiado viejo y achacoso. Una vez más me derrumbé y permanecí sumido en las tinieblas de la más cruel desesperación.

Pero no tardó mucho tiempo en volver a iluminarse mi existencia. Un día de 1810 apareció de manera repentina en mi habitación Bettina Brentano, muchacha soñadora, sentimental, dotada de indudables cualidades espirituales y con una gran afición por la música. Su sencilla y espontánea actitud fue suficiente para crear entre los dos una amistad que se prolongó durante algún tiempo y logró cicatrizar, al menos en parte, las heridas de mi alma atormentada.

No podría negar que me cautivó y que lo que yo sentí por ella fue algo más que simple afecto. Cuando la conocí acababa de ponerle música a tres canciones de Johann Friedrich von

Goethe, a quien admiraba desde la época en que la señora Von Breuning me había iniciado en la lectura de los autores alemanes. Una tarde, mientras conversábamos, le mostré esas composiciones. Cúal sería mi sorpresa cuando me dijo que ella era amiga del gran poeta y que sabía que para él mi estilo era demasiado novedoso, pero sospechaba que, a diferencia de otros compositores, me guiaba "la luz del genio que iluminaba mi mente como un relámpago". Estas palabras me llenaron de satisfacción y, aprovechando la coyuntura, le manifesté mi deseo de hacer la música incidental para su drama *Egmont*.

En esta forma se inició, gracias a Bettina, mi correspondencia con el escritor, hasta que por fin en la ciudad bohemia de Teplitz pudimos cumplir el mutuo deseo de conocernos personalmente. Este encuentro, que nunca debió suceder, fue una gran decepción para los dos, que no habíamos imaginado que éramos polos diametralmente opuestos y que por tanto era imposible tratar de unirnos. Me duele decirlo, pero su actitud luego de oír una pieza para piano que había interpretado en su honor me ofendió en lo más profundo, pues en lugar de aplaudir sacó su pañuelo para secarse las lágrimas, aunque no porque lo embargara la emoción. Reaccioné airadamente, le manifesté que no pensaba aceptarle algo así ni siquiera a él y terminé diciéndole: *Usted mismo debe saber lo agradable que resulta que nos aplaudan las manos de quienes respetamos. Si usted no me reconoce y me considera su igual, ¿quién lo hará? ¿ A qué puñado de ignorantes tendré que recurrir en busca de comprensión?* Este incidente frustró un deseo largamente acariciado, pero no le restó nada a mi admiración de tantos años por uno de los más destacados escritores en lengua alemana. A él, por su parte, es indudable que mi personalidad logró impresionarlo y, según lo afirmó posteriormente, quedó asombrado con mi talento y le parecí "el artista más sincero, independiente y lleno de energía que había visto en su vida"; aunque formuló desagradables críticas sobre mi apariencia personal y mi indómito carácter, los cuales, con gran benevolencia calificó de "muy comprensibles y dignos de compasión por su sordera cada vez más acusada".

Sobre los sentimientos de Bettina hacia mí sólo puedo decir que después de esa visita intempestiva a mi casa le escribió a Goethe una carta en la que le decía, según más tarde me enteré, que "cuando me vio por primera vez, el universo entero había desaparecido ante sus ojos". Y agregaba, que "estaba segura de no equivocarse al afirmar que ese hombre estaba en mucho adelantado a la época en la que estaban viviendo". Cuando al cabo de un año de habernos conocido Bettina me comunicó la noticia de su próximo matrimonio, volvió la tristeza a mi corazón. Me quedaba el consuelo de haber contado con su desinteresada amistad.

Amalie Sebald, joven cantante berlinesa vino a salvar mi espíritu de este nuevo golpe. La conocí en uno de los viajes que realicé a Teplitz, cuando fui a visitar a Goethe. A su singular belleza y distinción, se sumaba una gran nobleza de sentimientos. Nos enamoramos de manera fulminante, pero como ella vivía lejos, esta unión, pródiga en afectos, por desgracia duró muy poco. En el otoño de 1812 regresó a Berlín y tres años después contrajo matrimonio.

Por esa misma época había entablado amistad con Antonie Brentano, esposa de un hermanastro de Bettina, que había llegado de Frankfurt para atender a su anciano padre. Estando en Viena enfermó gravemente y yo, como era mi costumbre ante el dolor ajeno, empecé a visitarla con cierta regularidad para darle ánimo y consolarla con mi música. Ella, que afirmó que yo era más grande como ser humano que como artista, disfrutaba enormemente oyéndome tocar el piano. Al parecer no extrañaba demasiado la vida conyugal que la esperaba al regresar a su hogar y yo me sentía muy a gusto en su compañía. Pero si existió algún otro sentimiento entre nosotros, nos guardamos muy bien de callarlo.

Después del *Quinto concierto para piano* recibí el encargo de hacer la música para la obertura y para ocho números del drama *Las ruinas de Atenas,* de August von Kotzebue, que sería representado en la inauguración del teatro alemán de Pest, en Hungría. Compuse también el *Trío para violín, violoncelo y piano*, al que bauticé *Archiduque* que, como su nombre lo indica, fue dedicado al archiduque Rudolph, quien siempre ocupó un lugar tan especial en mi vida y a quien no tenía cómo más retribuir todas sus bondades y generosidad. Años más tarde, en 1818, escribí para él la *Gran sonata Hammerklavier.*

La *Séptima sinfonía* fue una de mis más notables obras y tuvo una acogida popular que no habían tenido las anteriores. La interpretación de la orquesta el día de su estreno, en diciembre de 1813, fue absolutamente magistral, a pesar de haberla dirigido yo, que ya no percibía si los pasajes *piano* y mucho menos los *pianissimo* de mi propia música eran tocados como yo lo había indicado en la partitura. El hecho más significativo de la excelente impresión que causó esta sinfonía fue que el segundo movimiento tuvo que ser repetido a instancias del entusiasmado público que, con benevolencia poco acostumbrada, disculpó mis errores. Dos días después, cuando se hizo la siguiente audición, sucedió exactamente lo mismo.

Schindler, cada día más fanático de mis composiciones, me decía que en toda su vida jamás había escuchado aplausos tan impetuosos y al mismo tiempo tan sinceros como los de esa noche. Que la acogida que tuvo el segundo movimiento había sido más que imperial, porque la gente estalló en aplausos tempestuosos cuatro veces seguidas y que cuando la platea lo hizo por quinta vez, en medio de exclamaciones, el comisario de policía había gritado: ¡Silencio! La Corte era apludida únicamente cuatro veces sin interrupción y, ahora, ¡a Beethoven, cinco!

Esto fue el comienzo de mi consagración definitiva en la ciudad que me recibió como a uno de sus hijos. Con este resultado me animé a emprender la composición de una nueva obra, la *Octava sinfonía*, que me resultó carente de problemas, casi como un divertimento. Empecé a escribirla en el verano de 1812 en Teplitz cuando fui a conocer a Goethe y la terminé en el otoño de ese mismo año en Linz, durante una visita que le hice a mi hermano Johann. Sin embargo su estreno sólo tuvo lugar a principios de 1814 en la Redoutensaale de Viena.

Cornetillas y cañones

Al año siguiente, para celebrar la derrota de Napoleón en Vitoria, compuse la sinfonía que titulé *La victoria de Wellington,* una aparatosa obra que concebí con la colaboración de Johann Nepomuk Maelzel, un genio mecánico que se ganaba la vida por medio de la invención de innumerables artefactos acústicos. Lo había conocido hacía algún tiempo, cuando me lo recomendaron por ser el fabricante de unas trompetillas para sordos que empecé a usar desde que acepté que jamás volvería a oír, las cuales debía cambiar a medida que aumentaba la sordera.

Él estaba muy interesado en poner a prueba su Panharmonicon, un aparato que permitía tocar música para bandas militares mediante una serie de fuelles accionados por un sistema motriz, y quién mejor que yo para hacer una música que pudiera manifestar el fervor del pueblo por ese triunfo europeo sobre las tropas de Napoleón. Con tal fin, combinamos canciones bélicas francesas e inglesas con notas del himno británico *Dios salve al rey,* en homenaje al héroe de Vitoria.

En el comienzo de la obra aparecen los dos campos de batalla, el inglés y el francés, representados con las marchas *Rule Britannia* y *Mambrú* respectivamente. Inmediatamente se inicia la batalla con fuego de cañones y tiros de mosquete, todos marcados en la partitura. Cuando los ingleses obtienen la victoria viene la sección triunfal, ya sin cañones, con lo que termina esta curiosa composición, que fue una verdadera diversión en medio de tantos problemas que me agobiaban.

Los más distinguidos músicos vieneses formaron parte de la orquesta y la gente enloqueció de entusiasmo, tanto que a la *Séptima sinfonía*, que formaba parte del programa y que había gustado tanto cuando se estrenó, no le dieron la menor importancia.

Este fue un éxito también para Maelzel, que acababa de inventar el metrónomo, pequeño aparato que funciona con un mecanismo de relojería, provisto de un péndulo ajustable que permite precisar el tiempo en que se desea que una obra sea interpretada. A mí me pareció tan novedoso que no sólo comencé a usarlo, sino que fui el primero en llevarlo a una sala de conciertos.

Dolorosas pérdidas

El año de 1814 fue particularmente desastroso. Mi salud empeoraba al mismo tiempo que la crisis económica general como consecuencia de las guerras napoleónicas había empezado a verse reflejada en mis propias finanzas. Acababa de morir mi gran amigo y bienhechor el príncipe Lichnowsky y, como si esto fuera poco, en diciembre un voraz incendio había arrasado el palacio de uno de mis mecenas de muchos años, el conde Rasumovski. Al año siguiente también murió mi queridísimo y leal amigo, el príncipe Lobkowitz. Y yo, que había permanecido postrado durante varias semanas en una cama, me preguntaba qué tan pronto me llegaría el turno.

Con tantas tristezas, empecé a ver a Viena como *una ciudad fea y miserable y a sus habitantes, desde los más poderosos hasta los más humildes, como unos canallas, gente sin corazón.* Era una tremenda ironía, pues no hacía mucho tiempo había sido distinguido con la ciudadanía honoraria. Sin embargo, la admiración que me habían profesado había comenzado a desvanecerse porque ya no podía producir obras para su deleite a la misma velocidad que en años anteriores. Mi capacidad creadora no había disminuido, pero era muy difícil componer sin poder oír el sonido de mi propia música. Ya estaba casi completamente sordo y tenía que utilizar permanentemente las trompetillas que, por su diseño, debía sostener con gran dificultad entre el piano y mis oídos para alcanzar a percibir las vibraciones de las notas que tocaba.

Expectativas frustradas

Esto coincidió con la muerte de mi hermano. Entonces pude asumir la tutela de Karl. Me entregué por entero a su cuidado y con todo mi corazón traté de cumplir el papel de un verdadero padre; pero con gran dolor debo decir que el muchacho no supo responder a la seriedad moral con que asumí esta misión ni a las expectativas que yo había puesto en él, por su falta de seriedad en los estudios y, en general, en todas sus responsabilidades. Sus desafortunadas actuaciones me trajeron nefastas consecuencias y ensombrecieron mis últimos años.

Las penurias económicas aumentaban día a día al mismo ritmo que mi salud y mi vida amorosa decaían; ya no me sentía capaz de soportar una decepción más y poco a poco me fui volviendo una persona taciturna y melancólica. Si antes había sido huraño y distraído, ahora, ya en el silencio casi total, olvidaba ciertos detalles de indumentaria obligados a aquellos que transitan por las calles. Cuando salía a caminar apresuraba el paso sin saludar a nadie ni apercibirme siquiera con quién me cruzaba en los senderos por donde paseaba. Sólo me interesaba poder captar los cantos que iban formándose en mi interior.

Desidia y caos

Cuando regresaba a casa trataba de tocar en el piano todos esos inaudibles sonidos que traía en la cabeza o me sentaba en la mesa de trabajo a ordenar lo que había escrito, olvidándome con frecuencia de salir a comer o dejando enfriar sin tocar lo que me habían traído de algún restaurante cercano. Igual sucedía si tenía quién me atendiera, algo que cada vez se había vuelto más difícil por los constantes conflictos con quienes aceptaban colaborar en los quehaceres de mi casa; mi irritable carácter y mi brusquedad, cada día más acentuados a causa de las dolencias físicas, me llevaban de manera injusta a ultrajarlos por los menores motivos, para después, arrepentido, ofrecerles mis disculpas. Fuera de eso, vivía en el más absoluto abandono, nada estaba en su puesto y la limpieza y el orden dentro de las habitaciones no existían. Prematuramente envejecido, había descuidado, ahora sí por completo, mi aspecto exterior y, además, se había acentuado la desagradable costumbre de escupir continuamente en el piso, sin que me importara qué tan incómodo resultaba para quienes estaban a mi alrededor.

Mi casa era como un navío en constante peligro de naufragar hasta que, por fin, en los últimos años tuve la suerte de que una buena señora bávara, Nanette Streicher, se hiciera cargo, al menos en parte, de ayudarme a manejar mi pobre hogar, tan venido a menos. Ella había sido un verdadero paño de lágrimas cada vez que le pedía consejos ante las dificultades domésticas que no me faltaban. Como tantas otras veces, le escribí contándole mis tragedias y solicitándole que me ayudara a conseguir *una buena cocinera que me garantizara digestiones sanas, que fuera una persona capaz de remendar mis camisas y coser mis calcetines y que tuviera, así mismo, el sentido necesario del gobierno de una casa, de forma que pudiera mantener adecuadamente la mía sin necesidad de mi consejo.*

Esta querida señora —a quien conocí por ser hija del fabricante de pianos Stein, de Augsburgo— estaba casada con un colega de su padre que vivía en Viena desde los tiempos de Mozart y había sido su amigo. Él fue uno de los que tuvo la paciencia de construir instrumentos especiales adaptados a mis necesidades o exigencias, ya que yo tenía fama de ser un destructor de pianos. Cómo podía evitarlo, si por más que tocara con toda mi fuerza no lograba oír las notas.

Sabía que no era posible aislarme en una forma definitiva del mundo porque ya tenía la experiencia de que no podía ser ajeno a lo que sucedía a mi alrededor mientras estuviera vivo, pero como las trompetillas no alcanzaban a captar las voces humanas, tuve que acudir casi en forma permanente a los "cuadernos de conversaciones", que ya había comenzado a utilizar desde hacía algún tiempo y que pasaron a ser indispensables para comunicarme con aquellos que me visitaban para darme ánimo. En sus páginas también anotaba reflexiones, ideas musicales y títulos de obras. Simultáneamente, escribía un diario íntimo y, como siempre, un sinnúmero de cartas a mis amigos.

La amada inmortal

A pesar de mi rudeza y altanería, era capaz de rendirme con la mayor humildad y ternura ante el amor, siempre esquivo, tantas veces imposible y otras tan mal correspondido. Ya no tenía a quién escribir cartas de amor, pero fueron infinidad las que en el transcurso de mi vida me inspiraron aquellas mujeres que amé tan entrañablemente, durante esa sucesión de frustrados arrebatos amorosos, salidas siempre desde lo más profundo de mi corazón.

Dentro de estas últimas, una que conservé siempre como un tesoro, consta de tres partes que fueron escritas en el transcurso de veinticuatro horas. ¿A cuál de aquellas mujeres estaba dirigida? A una amada ideal que, por tanto, llamé la "Amada inmortal". Para mí tuvo un extraordinario significado por la dama a quien estaba dirigida, pero nunca se la envié, a pesar de que en ella manifestaba mi afán por entregarla al correo, tal vez para evitar que si llegaba a su destino se rompiera el encanto de ese febril entusiasmo.

6 de julio por la mañana

¡Mi ángel, mi otro yo, todo mi mundo! Sólo unas pocas palabras en el día de hoy, escritas a lápiz (escritas con el tuyo). Mi futuro no quedará fijado hasta mañana. ¡Qué frívolo derroche de tiempo! ¿Por qué esta pena profunda cuando es la necesidad quien ordena? ¿Puede nuestro amor subsistir sin sacrificio, sin anhelarlo todo? ¿Puede ayudar a nuestro amor el que tu arte no sea enteramente mío, el que yo no sea totalmente tuyo? Dirige tus ojos a la hermosa naturaleza y no dejes que tu mente sea perturbada por el destino. El amor lo requiere todo, y es muy justo que así sea: así soy yo contigo, así eres tú conmigo; sólo que tú olvidas fácilmente que debo vivir para mí y para ti. Si estábamos completamente unidos, tú no deberías sentir esta tristeza en mayor medida que yo. Mi jornada ha sido terrible. No llegué aquí hasta las cuatro de la mañana de ayer a causa de los caballos. El cochero eligió otra ruta ¡pero qué terrible camino el escogido! En la última etapa me advirtió que no debería viajar de noche, y me previno de parar junto a los árboles; pero esto sólo contribuyó a exacerbarme, y me equivoqué; a causa del mal estado de la ruta, una vía execrable y tortuosa, el carruaje se averió. Sin el postillón que tenía junto a mí, hubiera quedado abandonado en el camino. El Príncipe Esterházy, que viajaba por otro camino con ocho caballos, tuvo el mismo accidente que yo había tenido con cuatro. Sin embargo, siento ahora un extraño placer, como me ocurre siempre después de haber vencido una nueva dificultad. Pronto volveremos a encontrarnos. No puedo comunicarte hoy las observaciones que me he estado haciendo acerca de los pasados días de mi vida. Si no hubieran estado tan cerca uno del otro nuestros corazones, creo que nunca me hubiera planteado estas cosas. Mi corazón está lleno de cientos de cosas que he de decirte. ¡Ay, son tantos los momentos en que consigo encontrar ese lenguaje!

¡Alégrate! Continúas siendo mi única verdad, mi único amor, todo mi yo como yo lo soy para ti. Y así para siempre; debemos dejar que los dioses nos envíen lo que debe ser y lo que será.

Finalmente tuyo, Ludwig

* * *

6 de julio, lunes, por la tarde

¡Estás sufriendo, queridísima mía! Acabo de darme cuenta de que estas cartas deben darse al correo muy temprano. Los lunes y los jueves son los únicos días en los que el carruaje del correo va desde aquí hasta K. ¡Estás sufriendo tanto! ¡Ah!, donde yo estoy, allá estás conmigo; conmigo y contigo, habré de encontrar los medios para vivir contigo. ¡¡¡Qué vida!!! ¡¡¡Así!!! , sin ti, perseguido por la amabilidad de las gentes aquí y allá, mientras que lo que yo deseo no es nada más que lo que realmente merezco —la humildad del hombre hacia los hombres— todo esto me duele —y cuando me considero en contacto con el universo, ¿qué es lo que soy, quién soy y quién es aquel capaz de ser llamado el más grande?—. ¡Y nuevamente vuelve aquí a encontrarse el elemento divino de lo humano! Lloro al pensar que sólo el sábado, con suerte, recibirás mis primeras palabras. Por mucho que tú me ames, mi amor por ti es más ardiente, pero que ello no vaya a alejarte de mí. ¡Buenas noches! Como un inválido recién llegado a las benéficas aguas termales, debo ir a descansar. ¡Ay, Dios! ¡Tan cerca! ¡Tan lejos! ¿No es nuestro amor una estructura realmente celeste, firme como la cúpula del cielo?

* * *

Buenos días, en la mañana del 7 de julio

Antes de levantarme, mis pensamientos volaron hacia ti, inmortal bienamada; en ciertos momentos eran dulces, en otros dolorosos, aguardando la respuesta del destino y confiando en que los hados nos escuchen. No puedo seguir viviendo sin ti permanentemente, de ninguna manera; he decidido recorrer la distancia que nos separa para volar a tus brazos, sentirme realmente en el hogar junto a ti y enviar mi alma envuelta en tu cariño a los dominios del espíritu. ¡Sí, pase lo que pase, así debe ser! Debes tener mi afecto, más aún sabiendo cuán grande es mi amor hacia ti. ¡Nunca podrá otra mujer poseer mi corazón, nunca, nunca! ¡Oh, Dios! ¿Por qué debe uno alejarse de aquello que tan profundamente ama? La vida que llevo en Viena es miserable. Tu amor me hace el más feliz y al mismo tiempo el más infeliz de los hombres. A mis años, necesito cierta uniformidad, cierta igualdad en el camino de mi vida; ¿puede darse esto en nuestra mutua situación? Ángel mío, acabo de saber que el carruaje del correo parte diariamente y debo terminar para que cuanto antes puedas recibir esta carta. ¡Sé sencilla! Sólo a través de una tranquila contemplación de nuestra existencia podremos conseguir nuestro objetivo de vivir juntos. ¡Sé sencilla! ¡Ámame! ¡Ámame hoy, ámame ayer! ¡Después de ti, de ti, de ti, mi vida, todo mi ser vive un anhelo cargado de lágrimas! Adiós. ¡Oh, continúa amándome!, y nunca dudes de que haya un corazón más fiel al tuyo que el mío.

Tu bienamado, Ludwig

Siempre tuyo. Siempre mía. Siempre el uno del otro.

Esta carta es una pequeña muestra de cómo expresaba mi ardiente pasión cuando me enamoraba, siempre con un frenesí incontrolable como si fuera la primera vez.

La música, mi vida

En cuanto a mi actividad profesional, no recuerdo haber pasado ni un solo día de mi vida sin pensar en la música; no podía concebir estar vivo sin componer aunque fuera una canción o tocar el piano, para mi propio placer así no lo oyera o para aquellos que tenían la paciencia de escucharme. Ese fue el medio que Dios me dio para comunicarme con el mundo y a través de él intenté expresar mis propios sentimientos, el sufrimiento, la rebeldía y en pocas ocasiones la alegría o la placidez que me fueron tan esquivas.

Repasando mi obra, no me cabe duda de que logré darle un lenguaje característico, con una unidad en cuanto a melodía y unas reglas muy concretas, armonía, ritmo y forma, siempre con el ímpetu e intensidad propios de mi carácter progresista e individual. Creo haber dejado a los compositores del futuro un legado muy definido en cuanto a lo que es la música para piano, la de cámara, la sinfónica y la coral. El empobrecimiento de mi vida exterior, con esa tendencia a colocar en un plano secundario todo lo que tuviera que ver con mi presentación personal, cada vez más descuidada, marchó a la par con el enriquecimiento de mi vida interior.

Entre más perdía la facultad auditiva tanto más se agudizaba mi capacidad creadora, pero no podía producir y llevar al papel ninguna obra de importancia a la velocidad de años anteriores, por lo cual no tardé en quedarme rezagado y cuando me di cuenta el público vienés me había prácticamente olvidado. Esto me sirvió para comenzar una forma de composición diferente, mucho más compleja de lo que hasta entonces había hecho, dejando a un lado la música orquestal a base de contrapunto, buscando una nueva verdad musical en donde pudieran encontrar forma mis pensamientos de acuerdo con las circunstancias personales en que me encontraba. Son muchas las piezas que escribí durante este período, entre sonatas, cuartetos, gran cantidad de canciones y variaciones.

Al empezar la década de 1820 emprendí la tarea de las que serían, a mi juicio, las dos obras más importantes de los años siguientes y quizás de toda mi producción: la *Misa solemne* y la *Novena sinfonía*. Mientras trabajaba en estas composiciones también escribí las dos últimas de las treinta y dos sonatas para piano, las *Treinta y tres variaciones sobre un vals de Diabelli*, la obertura la *Consagración de la casa*, más cuartetos y, como siempre, muchas canciones y cánones. Sin embargo ya nada de esto llamaba la atención de los vieneses, engolosinados como estaban con unas óperas ricamente ornamentadas, con inflamadas oberturas y ligeras melodías del joven italiano Gioacchino Rossini, y con la producción de otros músicos que estaban de moda, al igual que yo lo había estado en aquellos lejanos años de esplendor. Se encontraba en Viena estrenando alguna de sus conocidas óperas, cuando tuvo la gentileza de visitarme en compañía de otro músico, el alemán Karl Maria von Weber, también muy popular por esa época. Tengo el grato recuerdo de que cuando Rossini, con respeto,

alabó mi talento , yo le hice elogios en italiano —que dominaba
bastante bien— por su *Barbero de Sevilla.* Él expresó su gratitud por haber tenido el honor de conocer personalmente al
autor de la *Eroica.*

Glorificación de un momento

El origen de la *Misa solemne* fue la noticia de que la Iglesia le
había concedido honores eclesiásticos al archiduque Rudolph
y lo había elevado a la dignidad de Cardenal en abril de 1819.
Inmediatamente le escribí una larga carta para felicitarlo, ex-
presarle mi alegría y ofrecerle componer una pieza de carácter religioso para su próxima entronización como arzobispo
de Olmütz, que tendría lugar al año siguiente. Le decía que
nada podría ser mejor que una misa completa, con la secuencia litúrgica en latín con todas sus partes, *Kirie, Gloria, Credo, Sanctus, Benedictus y Agnus Dei.* Si tenía la fortuna de
que esa *gran misa compuesta por mí fuera interpretada durante las imponentes ceremonias de su exaltación, sería el día
más glorioso de mi vida; Dios me iluminará para que mi pobre talento pueda contribuir a la glorificación de tan solemne
momento.*

Ante el entusiasmo que me embargó por rendirle un homenaje de admiración y respeto a mi ilustre amigo en tan
señalada ocasión, no pensé en las dificultades para cumplir
este compromiso. Estaba cada vez más enfermo y, por lo mismo, más malhumorado e impaciente que nunca; vivía en condiciones infrahumanas, pues no podía conseguir a nadie para

que me asistiera en mis necesidades más esenciales, como prepararme aunque fuera el más simple plato de comida. Sin embargo, puse todo mi empeño para sacar adelante esta obra, trabajando arduamente en su compleja partitura, pues ante la imposibilidad de oír lo que escribía tenía que repetir y repetir en el papel las notas para poder combinar adecuadamente las voces y la parte instrumental. El caso es que cuando llegó el momento tan esperado, no sólo por mí sino por el archiduque, apenas iba en la mitad del Credo y no pude terminarla sino tres años más tarde. Con tantos inconvenientes no es de extrañar que hubiera logrado darle un contenido musical, casi celestial, alejado de las realidades de la tierra. Debo confesar que *al componer esta gran Misa, mi principal deseo fue despertar y fortalecer los sentimientos religiosos tanto en los intérpretes como en los oyentes.* Y para revelar las nobles intenciones con las cuales inicié su composición, en la primera página del manuscrito anoté lo siguiente: *Viniendo del corazón, ¡que pueda llegar al corazón!*

Como estaba consciente de la serie de dificultades que presentaba esta misa para su ejecución, con solistas, coros y orquesta, la obra cantada más grande de cuantas había hecho, no tenía mayor interés de estrenarla, por lo que preferí guardarla esperando una ocasión especial, digna de su presentación. Por otra parte, la reposición de *Fidelio* hacía poco menos de un año había despertado gran entusiasmo entre los aficionados a la música y tuve el temor de que se opacara de nuevo mi nombre, que había vuelto a ser mencionado después de tanto tiempo en que el público vienés poco me recordaba, aunque debo reconocer que en gran medida me lo merecía por haberme aislado de casi todo el mundo.

Jubilosa despedida

Me dediqué entonces a la composición de una nueva sinfonía, atendiendo el encargo que me había hecho hacía ya varios años la Sociedad Filarmónica de Londres. Comencé a escribirla en el estilo convencional, pero pronto me di cuenta de que los tres primeros movimientos coincidían en mayor o menor medida con los de la *Sinfonía alemana*, en la que hacía tiempo venía trabajando, la cual debería culminar con un gran segmento coral cantado en esa lengua. El propósito era ponerle música al poema *An die Freude (A la alegría)* del gran humanista, filósofo, poeta y dramaturgo, Johann Christoph Friedrich von Schiller, ese texto que había conocido en mi adolescencia en aquellas maravillosas tertulias literarias en casa de los Von Breuning. El impacto que me causó fue tan grande que durante los treinta años siguientes fueron muchas las ocasiones en que intenté encontrar un esquema musical adecuado que se ajustara a su grandiosidad. Por ejemplo, en 1808 hice la *Fantasía coral*, que considero un claro antecedente de esta.

Volviendo a la coincidencia de estas dos obras, surgió la posibilidad de combinar las dos partituras y no vacilé en tomar la decisión de darle cuerpo a la idea, aunque no se me escapaba que un final cantado en alemán podía carecer de sentido para el público británico. Pero ya no podía aplazar más este proyecto, entonces, tras más de doce años sin escribir una sinfonía, en medio de mi silencio, con una dedicación y un fervor como los de mi época más prolífica, me entregué por completo a su composición. De los noventa y seis versos que conforman el poema de Schiller sólo elegí treinta y seis. Los tres iniciales no son de él, en ellos quise hacer referencia a los hombres libres, mis semejantes, como a mis amigos.

La notas, los acordes, las melodías fluían en mi interior como nunca imaginé que podría ser posible. En febrero del año siguiente la terminé y le puse por título *Sinfonía con coro final sobre la oda de Schiller "A la alegría"*, aclarando que era para gran orquesta, cuatro voces de solo y cuatro de coro.

Como no tenía muchos deseos de que se estrenara en Viena, hice algunas averiguaciones con el ánimo de llevarla a Berlín como homenaje póstumo al inmortal poeta alemán y para tratar de obtener mejores resultados económicos, pues mi pobreza había alcanzado proporciones alarmantes. Cuando algunos de los miembros más destacados de la sociedad se enteraron de mis indagaciones hicieron todo lo posible por convencerme de que la estrenara en Viena y finalmente me enviaron una carta firmada por treinta personajes entre benefactores y músicos, en la que decían: "Si bien el nombre y las creaciones musicales de Ludwig van Beethoven son patrimonio de toda la humanidad y de todo aquel país

El título original de la oda de Schiller era *An die Freiheit* (*A la libertad*). El poeta tuvo que cambiarlo por razones políticas. Pese a ese cambio, el contenido de fraternidad universal y de aspiraciones libertarias latente en esas páginas quedó inmutable. De ahí, en parte, la importancia que tuvo este texto para el compositor.

que abre su corazón al arte, Austria es el país con más derecho a considerar hijo suyo a este gran músico". Me sentí conmovido y desistí de la idea de enviarla a Alemania, donde
tampoco tenía la seguridad que fuera aceptada.

La noticia de que después de tanto tiempo había vuelto a
escribir una composición orquestal de grandes proporciones,
con la novedad de que en el último movimiento incluía la
intervención de solistas y un gran coro, llamó mucho la atención de los vieneses, y a su estreno se le hizo una enorme
difusión en consideración a que hacía ya varios años no se
presentaba en público ninguna obra mía. Por mi parte, tenía
el más vivo interés de presentarla dirigiendo la orquesta, pues
estaba consciente de que sería la última vez que podría hacerlo. Como estaba dedicado de manera especial a su majestad el
rey de Prusia, Friedrich Wilhelm III, su estreno tuvo lugar en
el teatro de la Corte Imperial, situado al lado de la Kärntnertor,
el 7 de mayo de 1824.

El programa completo de ese memorable concierto con-
sistió en la obertura la *Consagración de la casa*, tres secciones
de la *Misa solemne*: *Kirie*, *Credo* y *Agnus Dei*, y mi última
gran sinfonía, que logró sacarme, por lo menos temporalmente, de mi cruel abatimiento. Al terminar, la contralto Karoline Unger, al darse cuenta de que yo seguía de espaldas al
público, me tomó del brazo para que me diera la vuelta y
viera, ya que no podía oírla, la impresionante ovación que la
audiencia, de pie, me estaba dando. El júbilo con que mis
nuevas creaciones fueron recibidas se convirtió en un batir de
pañuelos blancos, cuando se dieron cuenta de que yo no oía

La *Novena sinfonía* ha sido objeto de toda clase de críticas y comentarios. Algunos músicos plantearon la reorquestación de la partitura. Richard Wagner y Gustav Mahler propusieron instrumentaciones complementarias del original añadiendo más intérpretes. En el siglo xx, el director Leopold Stokowsky decía que se debería cambiar la instrumentación para que fuera más clara. Pero todos estos esfuerzos, sin duda dignos de estudio, hasta ahora han resultado infructuosos. Esta sinfonía conserva la forma que le fue dada por su autor y es parte del patrimonio musical de Occidente. Ha sido utilizada en infinidad de ocasiones y por motivos muy diversos: fue el himno del equipo alemán en unas olimpiadas y ha resistido singulares arreglos, como el que se le hiciera para la película *La naranja mecánica* de Stanley Kubrick en 1972.

absolutamente nada. Fue esta, la más grandiosa demostración de simpatía y admiración que jamás hubiera podido imaginar.

Sólo después me enteré de que no había sido yo quien había dirigido la orquesta. Lo hizo con gran discreción el gran Ignaz Schuppanzigh, por consideración y respeto hacia mí. Parece que en los primeros movimientos estuve más o menos coordinado con el verdadero director, pero al llegar a la parte del coro que dirigía Umlauf, fue tal mi emoción que me quedé absorto en la partitura, marcando lentamente los compases, mientras pensaba en la grandeza de Schiller, en la libertad, en la amistad.

Es algo increíble que tan minado como estaba por los sufrimientos físicos y morales haya sido capaz de culminar mi obra sinfónica con una pieza destinada, en apariencia, a cantar a la alegría.

Fue un privilegio en medio de mi desgracia haber alcanzado a producir estas dos últimas obras monumentales, que considero como la máxima expresión de mi genio musical.

Fieles hasta la muerte

Al año siguiente tuve la gran alegría de que los Von Breuning se trasladaran a Viena. No podían haber llegado en mejor momento dado el abandono en que me encontraba. El haber podido revivir en alguna medida esos felices tiempos de Bonn tra- jo a mi adolorida existencia unas horas de alegría que no había pen- sado que volvería a tener. Para poder estar cerca de mí fijaron su residencia en un lugar muy cercano a la llamada *Schwarzspanierhaus*, en donde pasé mis postreros días. Esa fue la última de las casas en donde viví, después de infinidad de mudanzas en los cerca de treinta y cinco años de permanencia en Viena. Supongo que de alguna manera los innumerables trasteos que me tocaron durante mi infancia y juventud me marcaron para siempre y nunca más pude permanecer demasiado tiempo en un mismo lugar; nunca quise comprar una casa, a pesar de que en más de una oca- sión tuve los medios suficientes para hacerlo. Prefería ser li- bre para irme de un sitio a otro, bien fuera porque algo en mi interior me exigía cambiar de ambiente o por no encontrar- me a gusto con el vecindario; y cuántas veces porque eran los vecinos los que no soportaban el ruido que hacía hasta altas horas de la noche o porque mis malos modales con las perso- nas que me servían, a quienes trataba de manera desconside- rada y a quienes gritaba, les desagradaban sobremanera. No creo haber estado más de un año en ninguna parte, pero a

Ignaz Schuppanzigh era el primer violín del Cuarteto Rasumovski; fue él, quien se encargó de difundir por toda Europa los cuartetos de Beethoven.

veces me iba de un lugar y después de algún tiempo regresaba. Definitivamente debía tener algo de sangre gitana, por lo menos en lo que se refiere a su característica de ser un pueblo siempre errante.

¿Qué hay en un nombre?

No transcurrió mucho tiempo sin que recibiera un nuevo golpe: en 1826, Karl intentó suicidarse. Yo estaba ya cargado de años y este nuevo infortunio familiar vino a sumarse a todos los que había tenido que soportar, uno tras otro, desde mi juventud en Alemania. Me descontroló de tal manera que al poco tiempo comencé a sentir que mi cuerpo y mi espíritu ya no podían resistir más desgracias. A raíz de este incidente pensaba qué tan fuerte puede ser la herencia de un nombre y cómo influye en una persona llevar el mismo de otra. Yo me llamaba Ludwig como mi abuelo, y creo que fui muy parecido a él: en lo físico, en la inclinación por la música, en muchas de mis actividades y en la manera de asumir las responsabilidades. Mi hermano Johann se llamaba como mi padre y fue tan irresponsable como él. Y mi sobrino Karl heredó de su padre no sólo el nombre, sino su forma de proceder, su falta de ambiciones, su débil carácter.

Ingratitud y descortesía

En octubre intenté componer mi *Décima sinfonía*, con la esperanza de que una vez más esta actividad produjera, como en tantas otras ocasiones, el efecto terapéutico que las medicinas poco me proporcionaban. Esta vez, apenas alcancé a escribir algunos bocetos, pues no lograba sobreponerme del abatimiento que me produjo lo de Karl. Creí que sería una buena idea pasar una temporada en el campo y emprendí el que sería mi último viaje, a la casa que Johann poseía cerca de Gneixendorf. Quería visitarlo y aprovechar para encomendarle a Karl quien, con su intento de suicidio, había demostrado que continuaba siendo el mismo irresponsable de siempre y no era posible dejarlo hecho cargo de los asuntos pendientes, particularmente los relacionados con la pequeña herencia que había logrado reunir para asegurarle un futuro económico. Pero yo no contaba con que mi hermano no tenía el más mínimo interés en hacer algo por nuestro sobrino y tampoco me imaginé que yo no le merecía consideración alguna. Me duele contar cómo me trató en nuestro último encuentro. Aunque le pagué por el hospedaje, me instaló y atendió en la forma más miserable, y cuando antes de lo previsto, a principios de diciembre, le manifesté que era mejor regresar a Viena, no creyó necesario poner a mi disposición el coche cerrado que poseía, sino que me consiguió un carricoche descubierto de un lechero, una especie de cabriolé, completamente inadecuado para un viaje tan largo en medio de la lluvia y la tormenta. Como si esto no fuera suficiente, tuve que pernoctar en una pequeña posada del camino, en donde no había más lugar disponible para pasar la noche que un mísero cuartucho sin doble ventana para el invierno. Estaba calado hasta los huesos, resfriado y no tenía ni una pieza de ropa para mudarme.

¡Qué tristeza tan profunda me embargaba! Estaba más enfermo de lo que me había ido, pero lo que más me dolía era haberme sentido tan humillado. Al llegar a mi casa al día siguiente después de este desgraciado viaje, que resultó fatal para mi precaria salud, quienes me acompañaban se apresuraron a buscar al médico, quien después de examinarme detenidamente me diagnosticó una pulmonía. Al cabo de unos días se manifestaron síntomas agudos de cirrosis hepática, circunstancia que me llevó a buscar a mi antiguo médico y amigo, el doctor Malfatti, para ponerme en sus manos, abrigando la esperanza de que él podría saber qué hacer ante las lamentables condiciones en que me encontraba. Pero, al llegar a mi lecho de enfermo el 11 de enero de 1827, dictaminó que el cuadro clínico estaba complicado con un ataque de ictericia y una hidropesía sin remedio posible. A partir de ese día, con gran dedicación y sacrificios, se hizo cargo del tratamiento, aunque era tarde. Muy apesadumbrado me comunicó que para tratar de aliviar mi sufrimiento era necesario practicarme unas dolorosas punciones para extraer la enorme cantidad de líquido que se había acumulado en mi cuerpo.

Final de un peregrinaje

Las noticias sobre mi estado de salud comenzaron a circular rápidamente y no tardaron en acudir a visitarme en mi lecho de enfermo muchos de mis admiradores, algunos músicos jóvenes, entre ellos Franz Schubert y un pianista húngaro, de apenas diez y seis años, llamado Ferencz Liszt, que había mostrado mucho interés en que ¡yo oyera...! alguna de sus composiciones. Yo hubiera preferido que guardaran de mí un recuerdo diferente, así nunca me hubiera distinguido por mostrarme bien vestido y arreglado, excepto en aquellos primeros años de mi estancia en Viena, época que podría calificar de las más felices. Era famoso, ganaba dinero y, como debía codearme con la aristocracia, me esforzaba por cuidar mi aspecto exterior. Ahora, ya no era necesario.

La *Schwarzspanierhaus* donde vivía tenía una espaciosa antesala con un par de ventanas y en las paredes laterales había unas vitrinas muy altas en donde estaban apilados enormes paquetes con mis partituras, que nunca podía desempacar, por esa manía de estar cambiando de lugar de residencia. Al lado de una de las ventanas tenía una cómoda silla en donde pasaba algunas horas del día cuando podía abandonar el lecho para leer algo de mis autores favoritos, para estudiar partituras de otros compositores o para escribir algunas cartas. En frente de la otra estaba uno de los pianos desde donde podía observar a lo lejos la catedral de San Esteban. Los demás instrumentos, mis cuadernos, papeles y más papeles, estaban por todas partes compartiendo el espacio con platos, utensilios de cocina con comida e infinidad de enseres. No debía ser este ambiente algo muy agradable para mis visitantes, pero ya no estaba para preocuparme por estos detalles.

No tenía ninguna clase de ingresos y me encontraba en unas condiciones económicas desesperadas. Lo único que quedaba era un pequeño capital de siete mil florines que había conseguido guardar, a fuerza de ahorros y fatigas, para dejárselo como herencia a mi sobrino. Le había dado la orden a mi fiel Schindler, quien desde hacía varios años se había convertido en una especie de secretario no remunerado y se ocupaba de los asuntos de negocios e incluso de algunas gestiones y tareas de tipo personal, de que bajo ningún concepto se tocara ese dinero.

Rumbo a la inmortalidad

Sobreví los últimos días gracias a unos amigos de Londres, que al enterarse de la gravedad y pobreza en que me encontraba me hicieron llegar cien libras esterlinas, regalo de la Sociedad Filarmónica de esa ciudad. Con esa suma se pudieron cubrir los últimos gastos de mi tratamiento. Ya no necesité nada más, pues el 16 de marzo los médicos me desahuciaron y tuvieron a bien comunicarme la terrible pero a la vez tranquilizadora verdad sobre la proximidad de mi muerte. Por fin llegaría la paz, anhelada tantas veces, a mi cuerpo y a mi espíritu. El mayor consuelo en esas últimas horas fue contar con la afectuosa compañía de Gerhard von Breuning, el joven hijo de Stephan; el solo hecho de verlo a mi lado me recordaba a mi sobrino y me hacía sentir que alguna vez había tenido familia.

El día 24, en pleno uso de mis facultades mentales y con la conciencia tranquila por haber intentado, durante toda mi vida, hacer lo que de mí dependiera para aliviar a aquellos que veía sufrir como yo, recibí de manos de un sacerdote católico los últimos sacramentos. Dos días después, al atardecer, luego de una prolongada agonía, exhalé el último suspiro, mientras se descargaba una furiosa tempestad sobre Viena, poco frecuente en esta época del año.

¡Era como si el cielo anunciara al mundo mi partida!

CRONOLOGÍA

1770. El 16 de diciembre nace en Bonn, Alemania. Al día siguiente es bautizado en la iglesia de San Remigio.

1774. Recibe lecciones de música con su padre.

1777. Probablemente inicia sus estudios en un establecimiento cercano a su casa y luego los continúa en la Münsterschule.

1778. El 26 de marzo hace su primera presentación pública conocida, en un concierto en Colonia. Recibe lecciones de música con Gilles van den Eeden, organista de la Corte.

1779. Su padre le encomienda su educación musical al tenor Tobias Pfeiffer.

1781. En octubre abandona la escuela para dedicarse a la música y por su propia cuenta se convierte en alumno del compositor y organista Christian Gottlieb Neefe.

1782. Recibe lecciones de órgano del padre Willibald Koch, y más tarde de Zenser, organista de un monasterio franciscano. Simultáneamente estudia violín y viola con Rovantini. Se convierte en suplente de Neefe como organista de la capilla del Elector. Es publicada en Manheim su primera composición: *Nueve variaciones sobre una marcha de Ernst Christoph Dresser*.

1783. El 26 de abril ingresa en la orquesta de la Corte para tocar el clave. Compone dos rondós para piano y tres sonatas para piano que dedica al Elector de Colonia Maximilian Friedrich, quien fallece unos meses más tarde.

1784. En junio es contratado como segundo organista de la Corte por el Elector Maximilian Franz, con derecho a percibir salario. Compone un concierto para piano, los primeros cuartetos, algunas canciones y unos tríos para piano. El 14 de octubre publica tres sonatas y otras obras menores.

1785. Estudia violín con Franz Anton Ries. Compone tres cuartetos para piano.

1787. En la primavera viaja a Viena y se entrevista con Wolfgang Amadeus Mozart. En julio regresa a Bonn por la enfermedad de su madre, quien muere el 17 de ese mismo mes.

1789. En este año y en los siguientes participa como violista en varias temporadas en la Ópera de Bonn.

1790. El 25 de diciembre conoce a Franz Joseph Haydn cuando éste pasaba por Bonn a su regreso de Inglaterra. Le encargan la composición de unas cantatas para las honras fúnebres del emperador Joseph II y para la ceremonia de coronación de su sucesor Leopold II.

1792. El 2 de noviembre parte para Viena. Mozart había muerto el 5 de diciembre del año anterior. Comienza a estudiar contrapunto con Haydn. El 18 de diciembre muere su padre en Bonn.

1793. Interrumpe sus estudios con Haydn al no lograr entenderse con él. Conoce al príncipe Karl Lichnowsky y al barón Gottfried van Swieten.

1794. En enero inicia sus estudios de contrapunto con Johann Georg Albrechtsberger y de escritura vocal con Antonio Salieri. Conoce a la cantante Magdalena Willman y quiere casarse con ella, pero su propuesta es rechazada.

1795. El 29 de marzo hace su primera aparición pública en Viena con un concierto para piano. Compone tres sonatas para piano que dedica a Haydn.

1796. En febrero inicia una gira de conciertos: va a Nuremberg y a Praga. En la primavera va a Leipzig, Dresde, Hamburgo, Colonia y Berlín, en donde ofrece un concierto ante Friedrich Wilhelm II. Termina esta gira artística en Budapest.

1797. Se da cuenta de que sus trastornos auditivos no son pasajeros y entra en una etapa de gran depresión.

1800. El 2 de abril se estrena en Viena la *Primera sinfonía*.

1801. El 28 de marzo es representado su ballet *Las criaturas de Prometeo* en el Burgtheater. En el verano conoce a la condesa Giulietta Giucciardi, se enamora perdidamente y le dedica una sonata para piano que titula *Sonata quasi una fantasia*. Comienza la composición de la *Segunda sinfonía*.

1802. En la primavera se traslada a Heiligenstadt con la esperanza de encontrar mejoría en sus condiciones auditivas. En medio de una gran depresión escribe el documento conocido como "Testamento de Heiligenstadt".

1803. El 5 de abril se estrena del oratorio *Cristo en el Monte de los Olivos*. El 17 de mayo interpreta junto con Bridgetower una sonata para violín dedicada a Kreutzer. Entre junio y octubre realiza la composición de la *Tercera Sinfonía, Eroica*, inicialmente dedicada a Napoleón. La *Eroica* es presentada en el palacio del príncipe Von Lobowitz, a quien finalmente se la dedica.

1804. Compone entre otras obras, una sonata para piano dedicada al conde Waldstein y *el Triple concierto para piano, violín y violoncelo* en homenaje al archiduque Rudolph de Habsburgo.

1805. El 7 de abril se presenta por primera vez ante el público en el Theater an der Wien la *Tercera sinfonía, Eroica*. El 20 de noviembre se estrena en el mismo teatro su única ópera en la que venía trabajando desde hacía dos años, *Leonore o el amor conyugal*, a la que más tarde le daría el título definitivo de *Fidelio*. En este año escribe las sonatas para piano *Appasionata* y *Los adioses*.

1806. El 29 de marzo es representada una nueva versión de la ópera *Fidelio*. Compone tres cuartetos para cuerdas por encargo del conde Andrei Rasumovski los cuales son estrenados en su palacio. Compone la *Cuarta sinfonía* y el único *Concierto para violín*. El 4 de septiembre nace su sobrino Karl Peters.

1807. En el verano compone la *Misa en do mayor*.

1808. En la primavera termina la *Quinta sinfonía*, iniciada el año anterior, y compone la *Sexta sifonía, Pastoral*. El 22 de diciembre son estrenadas estas dos sinfonías en el Theater an der Wien.

1809. El 10 de mayo la Armada Francesa entra en Viena. Jerónimo Bonaparte, rey de Westfalia le ofrece el puesto de *Kapellmeister* de la Corte, pero el archiduque Rudolph y los príncipes Kinsky y Lobkowitz firman un contrato para garantizarle una asignación que le permita permanecer en Viena. En el verano conoce a Therèse Malfatti, se enamora locamente pero ella rechaza su propuesta de matrimonio. Compone el *Quinto concierto para piano*, que sería el último, dedicado al archiduque Rudolph. No fue el compositor quien lo llamó *Emperador*, este nombre le fue puesto posteriormente.

1811. En octubre inicia la composición de la *Séptima sinfonía*. El 28 de noviembre se estrena en Leipzig su último concierto para piano, con Friedrich Schneider como solista. Es el único de los cinco conciertos que no interpreta el compositor en su primera presentación pública.

1812. El 2 de marzo comienza su relación con Antonie Brentano. En el verano va a Teplitz y conoce a Goethe. Conoce también a Amalie Sebald, se enamoran, pero ella regresa a Berlín y unos años después contrae matrimonio. Es probable que la famosa carta a la "Amada inmortal" la haya escrito en esta época. En el otoño va a Linz a visitar a su hermano Johann y allí termina de componer la *Octava sinfonía*.

1813. El 8 de diciembre se estrena la *Séptima sinfonía*.

1814. El 27 de febrero se estrena la *Octava sinfonía*. El 23 de mayo se estrena en el teatro de la Kärntnertor, la ópera *Fidelio* después de una nueva revisión.

1815. El 15 de noviembre muere su hermano Karl y se hace cargo temporalmente de su sobrino.

1816. Después de largos procesos legales en contra de su cuñada obtiene la custodia de Karl, pero ésta gana una apelación que deroga la sentencia. En octubre enferma gravemente a causa de la gran depresión que le ha ocasionado el incidente.

1817. Su salud empeora y está casi completamente sordo, por lo cual tiene que acudir a sus "cuadernos de conversaciones" para poder comunicarse con sus interlocutores. En septiembre comienza a esbozar la *Novena sinfonía*, que originalmente se iba a llamar "Sinfonía alemana", con el propósito de incluir el poema "A la alegría" de Johann Christoph Friedrich von Schiller.

1819. El 11 de enero le es retirada la potestad sobre Karl a causa de su sordera. En noviembre inicia la composición de la *Misa solemne*, para la entronización del archiduque Rudolph como arzobispo de Olmütz, pero no alcanza a terminarla para la fecha prevista.

1820. El 8 de abril le es restituída de manera definitiva la custodia de Karl.

1821. A partir de este año sus enfermedades se vuelven crónicas.

1823. El 27 de febrero termina la *Misa solemne*. El 6 de marzo designa a Karl como su heredero universal.

1824. En febrero termina la composición de la *Novena sinfonía*. El 7 de mayo es estrenada en el teatro de la Corte Imperial de la Kärntnertor, *la Sinfonía con coro final sobre la Oda de Schiller "A la alegría"*, dedicada a Friedrich Wilhelm III de Prusia, parte de la *Misa solemne*, y la obertura la *Consagración de la casa*. El compositor completamente sordo cree haber dirigido la orquesta; lo hace, discretamente, Ignaz Schupanzigh. En octubre comienza a trabajar en la *Décima sinfonía*.

1826. El 29 de julio Karl, su sobrino, intenta suicidarse disparándose con una pistola. En octubre la salud del compositor empeora y decide pasar una temporada en casa de su hermano Johann en Gneixendorf. El 1 de diciembre decide regresar a Viena. Durante el viaje contrae una neumonía que se complica con una cirrosis hepática.

1827. El 11 de enero se le diagnostica hidropesía e ictericia. Se le practican unas punciones para extraer líquido de su cuerpo. El 22 de marzo recibe la extremaunción y el 26 expira en medio de una tormenta, en Viena, la ciudad que lo acogió la mayor parte de su vida. El 29 de marzo una impresionante multitud asiste a su despedida.

LUDWIG VAN BEETHOVEN Y SU OBRA

La creación artística de Beethoven comprende tres grandes períodos: en el primero, a partir del momento en que comienza su verdadera formación musical con el profesor Neefe, compone sus primeras piezas para piano, y concluye cuando tenía cerca de treinta años, después del estreno de la *Primera sinfonía*, época en que sus trastornos auditivos son muy serios e irreversibles; el segundo, se inicia hacia 1800 y se prolonga quince años aproximadamente, durante los cuales compone de la tercera a lo octava sinfonías, su única opera *Fidelio*, cinco de sus cuartetos para cuerdas, y algunos conciertos y sonatas para piano; y el tercero, de 1815 hasta su muerte, cuando produce sus obras más notables: las últimas sonatas para piano, los demás cuartetos para cuerdas, incluida la *Gran fuga*, la *Misa solemne* y la *Novena sinfonía*.

En cuanto a la terminología, con que se identifican las obras de ciertos compositores, se utiliza una secuencia numérica que generalmente corresponde a la cronología de su creación, anteponiéndole a cada número la palabra *opus*, vocablo de origen latino que significa "obra". En el caso de Beethoven existe un catálogo que comprende 138 con número de *opus* y otro, en el que las antecede las letras "WoO" (*Werke ohne Opuszahl* – Obra sin número de *opus*) que corresponde al catalogo *Kinsky – Halm*, con 204. En éstos se puede saber a quiénes de sus contemporáneos les dedicó sus trabajos. Existe desde 1957 una nueva y extensa recopilación denominada *Hess* que incluye la fecha de composición. Es importante tener en cuenta que en muchas ocasiones, bajo un mismo número se agrupan series de canciones, minués, danzas, contradanzas, variaciones, cánones, etc. Ante la imposibilidad de incluir una lista completa de toda su producción, valga mencionar las obras que han sido objeto de mayor reconocimiento:

9 Sinfonías: la Nº 3 y la Nº 6 fueron tituladas por el compositor como *Eroica* y *Pastoral*, respectivamente. La Nº 9 es conocida popularmente como *Coral*.

5 Conciertos para piano. El Nº 5, fue llamado posteriormente *Emperador*.

Concierto para violín.

Triple concierto para piano, violín y violoncelo Archiduque.

Misa Solemne.

Ópera *Fidelio*.

17 Cuartetos de cuerdas: 3 llamados *Rasumovski* y el que lleva el título *Gran Fuga*.

Trío para piano *Archiduque*.

32 Sonatas para piano, entre estas 8 tienen título: *Patética, Sonata quasi una fantasía* (conocida como *Claro de Luna*), *Pastoral, Waldstein, Appasionata, La tempestad, Los adioses* y *Hammerklavier*.

Sonatas para violín y piano *Primavera* y *Kreutzer*.

Sonatas para piano y violoncelo.

Sinfonía *La victoria de Wellington*.

Bibliografía

Bonilla R., Luis Ernesto, *Las treinta y dos sonatas para piano de Beethoven,* Tercer Mundo Editores, Bogotá, 1987.

Diccionario de música, Ediciones Generales Anaya, Madrid, 1985.

Enciclopedia Salvat – Diccionario, t. 1, Salvat S. A. de Ediciones, Pamplona, 1971.

Herzfeld, Friedrich, *Tú y la música,* Editorial Labor, Barcelona, 1966.

Historia universal, Casa Editorial El Tiempo, Bogotá, 1996.

Höweler, Casper, *Enciclopedia de la música,* Editorial Noguer, Barcelona, 1974.

Johnson, Paul, *El nacimiento del mundo moderno,* Javier Vergara Editor, Buenos Aires, 1992.

Johnson, Stephen, *Beethoven (su vida y su música),* Editorial EDAF, Madrid, 1995.

Kramer, Jonathan, *Invitación a la música,* Javier Vergara Editor, Buenos Aires, 1993.

Los grandes compositores, t. II, Salvat S. A. de Ediciones, Pamplona, 1982.

Los grandes temas de la música, t. I, Salvat S. A. de Ediciones, Pamplona, 1985.

Ludwig, Emil, *Tres titanes (Miguel Ángel–Rembrandt– Beethoven),* Editorial Juventud, Barcelona, 1989.

Martin, Russell, *El cabello de Beethoven,* Ediciones B, Barcelona, 2000.

Menuhin, Yehudin, Davis, Curtis W., *La música del hombre,* Fondo Educativo Interamericano, Bogotá, 1981.

Parouty, Michael, *Mozart, amado de los dioses* (trad. de J. Ramón Azaola), Aguilar S. A. de Ediciones, Madrid, 1990.

Repollés, José, *Gigantes de la música,* Editorial Bruguera, México, 1977.

Rolland, Romain, *Vida de Beethoven,* Editorial Losada, Buenos aires, 1990.

Scott, Marion M., *Beethoven,* Salvat Editores, Barcelona, 1985.

Spence, Keith, *Música viva,* Círculo de Lectores, Barcelona, 1979.

Subirà, J; Casanovas, J, *Breve historia de la música,* Ediciones Daimon, Barcelona, 1956.

Susini, Eugène, *Austria,* Editorial Juventud, Barcelona, 1963.

Todo Viena, Editorial Escudo de Oro, Barcelona, 1982.

Valls Gorina, Manuel, *Aproximación a la música,* Salvat Editores, Barcelona, 1970.

Viena, Ediciones El País / Aguilar S. A. de Ediciones (col. Los libros del viajero), Madrid, 1990.

Zierer, Otto; Reinoss, Herbert, *Grandes acontecimientos de la historia,* Círculo de Lectores, Barcelona, 1974.

SUMARIO

9
Después del silencio

13
¿Mi origen?

33
Yo, Lodewijk (en flamenco, como mi abuelo)

41
¿Llegaría a ser músico?

51
Éxitos y mecenas

65
Nuevo estilo musical

71
Verdad de un presagio

91
Heroico entusiasmo

109
Dolorosas pérdidas

145

117
La música, mi vida

129
Final de un peregrinaje

133
Cronología

141
Ludwig van Beethoven y su obra

143
Bibliografía

Este libro se terminó de imprimir en el mes de enero
del año 2005 en los talleres bogotanos
de Panamericana Formas e Impresos S. A.
En su composición se utilizaron tipos
Sabon, Bodoni Poster y Akzidens Grotesk
de la casa Adobe.